零售的未来

THE FUTURE OF SHOPPING

WHERE EVERYONE IS IN RETAIL

每 个 人 都 是 零 售 商

〔比利时〕约尔格·斯诺克　宝琳·尼尔曼——著　赵智勇——译
Jorg Snoeck　Pauline Neerman

机械工业出版社
CHINA MACHINE PRESS

我们过去一度熟知的零售已经时过境迁，经济、人口和技术的发展已让它陷入绝境，或者说让它变得无足轻重了。商店已不再是传统意义上的商店，它可以通过多种形式存在。数字化使得整个世界变成了全球市场。未来零售业会是什么样子？零售的新平衡在哪里？零售的未来是否会受到线上或线下零售商的支配？全球品牌会赢，还是地方小型企业会赢？主要因素是价格，还是消费体验？斯诺克和尼尔曼带我们走上了一段激动人心的旅程，每个品牌，每个零售商都必须自己决定未来的发展方向。

图书在版编目（CIP）数据

零售的未来：每个人都是零售商/（比）约尔格·斯诺克（Jorg Snoeck），（比）宝琳·尼尔曼（Pauline Neerman）著；赵智勇译. —北京：机械工业出版社，2018.11

ISBN 978－7－111－61250－6

Ⅰ.①零… Ⅱ.①约… ②宝… ③赵… Ⅲ.①零售业－研究 Ⅳ.①F713.32

中国版本图书馆 CIP 数据核字（2018）第 249824 号

机械工业出版社（北京市百万庄大街 22 号 邮政编码 100037）

责任编辑：坚喜斌 於 薇 责任校对：梁 静

责任印制：张 博

三河市国英印务有限公司印刷

2019 年 1 月第 1 版·第 1 次印刷

170mm×240mm·15.25 印张·220 千字

标准书号：ISBN 978－7－111－61250－6

定价：69.00 元

凡购本书，如有缺页、倒页、脱页，由本社发行部调换

电话服务	网络服务
服务咨询热线：010－88361066	机 工 官 网：www.cmpbook.com
读者购书热线：010－68326294	机 工 官 博：weibo.com/cmp1952
010－88379203	金 书 网：www.golden-book.com
封面无防伪标均为盗版	教育服务网：www.cmpedu.com

对本书的赞誉

“感谢斯诺克和尼尔曼邀请我们进入全新的零售世界！在那里，消费者依靠习惯和直觉随时随地地购物。在零售世界中消费从推动到拉动的转变过程中，数据起着关键作用，而机器人和聊天机器人则将服务提升到更高水平。由于物联网的缘故，这个世界正在发生变化。任何寻求未来出路的人都必须阅读这本书。”

——阿里巴巴集团比利时和荷兰董事总经理，罗兰·帕尔默

“关于需求、供应和技术之间的关系是什么，这本书写得很清楚。这个问题被放在一个大框架中来阐述，不仅表明了‘零售的未来’的起始点是什么，还表明了在新世界中零售商生存下来的关键是什么。”

——鹿特丹伊拉斯姆斯大学战略发展顾问、商学院教授穆伦纳尔

“本书残酷地指出了今天的零售是什么，并预言未来10年发生的变化将比100年前发生的变化更大。凭借他们的敏锐观察，斯诺克和尼尔曼指出了零售商的出路。”

——The Retail Doctor首席执行官，鲍勃·菲比斯

“通过‘每个人都是零售商’的标题，两位作者完美地展示了零售领域的新现实。每个人都处于掌控地位——决定什么、何时决定以及如何决定，这对我们来说是一个巨大的挑战。”

——比利时贸易和服务联合会首席执行官，多米尼克·米歇尔

“这本书展示了零售业的发展速度，介绍了零售业的过去、现在和未来，以及消费者角色和形式在不断发生变化等现象。总之，零售行业正面临着重大挑战。这本书是一个行动号召：改变或不变！在不断变化的世界中，速度是关键，这在零售领域也不例外。”

——比利时公司联合会总干事，巴特·布伊塞

“‘不是技术具有破坏性，而是速度。’书中的这句话非常精辟。作为企业家和商界领袖，我们必须看到我们谈论的是现在而不是未来。在顾客、供应、知识、文化、创新、交流等方面，我们如何加速使我们的企业变得敏捷，以便保持良好的发展趋势?”

——爱立信首席执行官，萨斯基亚·凡·乌费伦

“正如斯诺克和尼尔曼所述，零售业在未来10年的变化将比过去100年的变化更大。虽然在中国、日本、美国和英国等国家，这些巨大的变化正在发生，但许多传统零售商都没有把握住机遇。面对颠覆性的全新零售和技术的发展趋势，好奇心和知识对于保持成功至关重要。这本创新方面的书是一个非常好的开始。”

——沃尔玛公司执行副总裁，德尔·范·范登伯格

“零售一如既往地是社会的一面镜子。随着社会变化越来越快，每个人都必须快速适应。要成为赢家之一，你不需要参加什么昂贵的研讨会，而是需要一些具体的工具——那就是结合专业热情和具体建议而完成的这本书。”

——Q-Park 首席执行官，弗兰克·德·摩尔

“未来的零售业会是什么样子？零售的新平衡在哪里？未来是否会受到线上或线下零售商的支配？全球品牌会赢，还是地方小型企业会赢？斯诺克和尼尔曼带我们走上了一段激动人心的旅程，每个品牌、每个零售商都必须自己决定未来的发展方向。”

——JBC 首席执行官，巴特·克雷斯

“就像消费者的行为一样，技术变化比以往任何时候都快。说实话，我们见到的只是冰山一角。斯诺克和尼尔曼不仅阐述了技术在未来世界中意味着什么，还提供了解决方案，即作为零售商你可以做些什么。”

——FNG 集团首席执行官，迪尔特·培尼克斯

“虽然我已经对（在线）零售业有所了解，但这本书仍然让我感到惊讶。这本书非常棒，特别是其中的很多例子。这本书让我们有许多事可以做：你可以阅读，同时你又会不知不觉地停下来思考你所读的内容。”

——库勒鲁迪集团首席运营官，弗兰茨·库勒鲁迪

“动荡时代的灯塔。今天的零售领域不仅充斥着各种评论，而且我们每天还会收到关于零售的各种邮件。希望获得平和？我的建议是暂时抛开那些永无止境的数字，坐下来，阅读一本框架清晰且建议颇多的书——《零售的未来》。具有讽刺意味的是，要想成为赢家，今天只需要这本书。”

——Fiets 的创始人兼董事，亨德瑞克·温克勒曼斯

“这本书再次向读者表明，目前的趋势对于零售商而言是一场真正的海啸，只有了解客户需求并做出改变的零售商才能在未来得以生存。与此同时，本书也给予了我们很多信心，并为各种形式的商业带来了美好的憧憬。本书没有关注传统零售的厄运，而是对我们的传统思维有所质疑，并意识到传统零售需要再次发展才能提供附加价值并继续赢得顾客的信任。”

——Brico&Brico Plan-it 总经理，迪尔特·斯特鲁耶

“这本书以非常清楚的方式表述了‘零售的未来’与现实间的具体联系。简而言之，这本书不仅是趋势和发展的汇编，而且还以结构化和富有洞察力的方式构建了整个零售业的演变。”

——Blokker Belgium 首席执行官，贝尔恩·德博世

“这本书是最有趣、最实用的零售书籍之一。作为德国大型零售业控股公司的前任经理和指导小组现任成员，我有职责向所有员工推荐这本书。这本书是给员工们的宝贵的礼物，让他们可以了解当前零售业的挑战及应对策略！太棒了！”

——Karstadt 国际零售顾问兼前任经理，埃里克·范·海文

“在《零售的未来》中，您可以全面了解一个不再有边界的时代，一个赋予消费者权力的时代。在这个时代里，速度、灵活性和服务是核心，消费者处于掌控地位；‘朋友’的影响从未如此强大，国际和国内必须兼顾，成败瞬息莫测……这本书再次表明了我们面临的机遇和挑战。谁抓住了机会，谁就将继续前进；谁没有抓住机会，谁就不得不放弃。”

——AVEVE 首席执行官，埃里克·劳沃斯

“我们知道数字革命正在肆虐我们！斯诺克和尼尔曼对零售相关的知识进行了更新，给我们带来了启发。另外，他们还呼吁大家进行反思和采取行动。很棒！这是一本由业内人士编写的管理性质的书。每个人都必须为零售业做出贡献……”

——Torfs 鞋业首席执行官，沃特·托夫

“史提芬·柯维说：‘切勿本末倒置。’在这个颠覆性的时代，重要的是看清自己能扮演什么样的角色：个人、零售商、公司。做好‘核心’工作，不做无关事情。这本书清楚地表明了这一观点，让作为零售商的你时刻保持清醒。”

——HUBO 首席执行官，欧文·范·奥斯塔

“零售业正处于风暴之中，未来 5 年将会出现比过去 500 年更多的变化。本书以易于理解的方式概述了整个零售生态系统的挑战、风险和机遇，是每个参与到零售业里来的人士以及每个想要留在零售行业的人士的必看书籍。”

——Brandhome 执行战略总监，埃里克·塞伦斯

“西欧的人口越来越多样化，世界人口也正在迅速增加，我们还面临着资源稀缺等全球性挑战。这些问题已经让我们自己的后院着火了，可我们无法单独找到解决方案，但技术可以让大家团结在一起，创造出看不见的新可能。无须逃避未来，任何把这本书铭记于心的人都已经有了整个思路!”

——阿尔伯特海津首席执行官，沃特科·尔克

“我们生活在一个瞬息万变的世界里，在这个世界里，我们的客户会获得越来越多的好处。因此，没有一个行业像零售业一样充满活力、特色和吸引力。斯诺克和尼尔曼为顾客和零售业的发展提供了一幅迷人的画面。另外，本书快速连续地介绍了零售业的精彩大戏，推荐!”

——Action 首席执行总监，桑德·范·德兰

“我特别喜欢斯诺克和尼尔曼的全方位视角，他们以人为本地看待数据和购物体验。正如他们所展示的那样，零售业的未来不仅仅在于从实体世界到数字世界的转变，而且还在于两者之间的发展空间。零售的未来不仅涉及环境，还涉及出售的物品和为我们未来生活而设计的体验。在技术的帮助下，未来的零售体验将会给顾客带来全新的感受。”

——Wearable X 首席执行总监，比莉·怀特豪斯

前　言

不断改头换面的零售

品牌商和零售商需时刻向挑剔的消费者展示其商品的附加价值，对于这种新趋势，品牌商和零售商将如何适应？Alexa（Amazon Alexa 虚拟助理）和智能手机可以为我们创建购物清单并自动配送一周的餐饮，面对这样的新挑战，零售商又该如何应对？

我们过去一度熟知的零售已经时过境迁，经济、人口和技术的发展已让它陷入绝境。

一直以来，零售的作用在于将大批量购入的商品化整为零地进行出售（此程序也被称之为拆零和分包），或者让这些商品更贴近消费者以便其购买。但是，我们过去一度熟知的零售已经时过境迁，经济、人口和技术的发展已让它陷入绝境，或者说让它变得无足轻重了。

互联网、数字化大大缩减了零售商与消费者之间的距离，使得整个世界变成了全球市场，让我们孕育了十多年的梦想得以变成现实。从此不会有人因收到从亚洲寄来包裹而感到奇怪，也不会有人看到朋友满载廉价电子产品从美国归来而感到费解。“全球市场”使得竞争也变得异常激烈，过去那种透过橱窗观察对手一举一动的做法已不可行，现在整个世界都是商家潜在的劲敌。

如今，任何人，包括希望直接向消费者推销产品的制造商，都可以开设一家商店。事实上，商店已不再是传统意义上的商店，它可以以多种形式存在。现在的商店可以是实体店、网站、应用程序、贴在墙上的海报、虚拟空间、全息图，以及上述这些元素的各种组合形式。只要别太过火，商店形式越新颖，就越能吸引消费者的眼球，因为这符合具有多元文化、充满自信和老龄化特点的新型消费者的喜好。

虽然自20世纪90年代以来购买力降低，人口老龄化和人口迁移加剧等问题导致了新的购买行为出现，虽然2008年的经济危机进一步削弱了消费者对经济的信心，但最划算的生意和最优惠的价格却一直是不变的信条。通过在互联网上进行搜索和对比，这些信息反而比以往更容易获得。互联网所带来的透明度不仅让消费者获得了更多的信息，还让他们摆脱了商家对其的束缚。

为了保持竞争力，零售商不得不做出改变（我们看到的是贴在商店玻璃上的停业布告），否则他们便会走上与麦克斯（Mexx）、鞋巨人（Schoenenreus）、麦金塔（Macintosh）等品牌一样的老路。过去的商业模式遭到了质疑，所以我们必须重新审视一切，重塑零售商以及当今和未来消费者的关系。这不仅是本书写作的原因，还是零售细节公司（RetailDetail）成立“零售之家”和“零售的未来”宣传团队这两个零售交流经验中心的原因。

本书聚焦西欧市场，以比荷卢经济联盟中的食品和非食品行业为切入点，来研究在线和实体零售。本书的受众对象不仅是零售商、品牌生产商、批发商、分销商以及所有与商业密切相关的人员，而且对于学生和消费者来说也同样是有趣的读物。正如本书中所解释的那样，在当今的生活之中，我们每个人既是消费者，又是零售商。

本书的大部分章节将会侧重研究零售商和生产商。因为当今的零售商和生产商都以消费者为重，所以在研究过程中，我们给他们冠以一个统一的称谓——“品牌”。当然，这是取该词之广义而言。本书的最后一部分，将以实例研究的方式去讨论超市，超市如今在采用传统零售模式运营的同时，也在极力适应现代商业发展之潮流。

欢迎进入零售世界，开始一段迷人之旅！

目　录

第1章 新游戏，新规则

破产浪潮席卷零售业，许多商家对此十分恐慌。数字化技术通常被指是这一切的罪魁祸首，但问题并非如此表面，国内外形势的变化是引发传统零售行业革命的真正因素。

零售业正在经历变革，这不是该行业的第一次革命，也不会是最后一次。不过一切肯定是和以前不一样了。如同任何社会变革一样，新经济和工业时代也将重新改写我们的生活方式、环境和寿命。第四次工业革命不仅让我们第一次拥有了人工智能技术，而且它所带来的虚拟现实很快就会和实体世界水乳交融。

一切都变成了商店和销售点，每个人都成了零售商。

现在的零售虽和以往有所不同，却比以往任何时候都更重要。零售是一切。购物不再是一项有计划的行为活动，除了短途旅行和休闲旅行之外，消费者依靠习惯和直觉随时随地购物，一切都变成了商店和销售点，每个人都成了零售商。

欢迎来到新型消费者的世界

世界在发展，世界人口不断增长，老年人越来越多，人类的寿命越来越长，老龄化越来越明显。在一些地方，人们对气候、政治动荡、原材料匮乏和恐怖主义等问题抱怨不已，并移居其他地方寻求更好的生活。我们身处文化熔炉之中，每个人都有自己的背景。

这种情况导致我们，包括零售商或品牌商，开始质疑自己的生活环境。新型社会人口决定了新的需求、购买行为和购买方式。多元文化主义、老龄化、单亲家庭、混合家庭等特定的群体都有自己的购买方式，因此这些群体明显区别于普通消费者。由于身边发生的新闻可以随时被传递到世界边远一隅，全球变得地方化；而地方又通过进口和跨境订单变得全球化。

为了保持世界格局，地方的重要性得以重生，这话看起来很矛盾却又很真实。根据美国德勤公司（Deloitte）2016 年的一项研究，人们对透明度的需求不受人口或地区因素的限制。首先，无论是从发展的角度还是从保守的角度看，大家对本土和原创品牌及产品的需求在增长。其次，不只是千禧一代的购物行为和最具购买力的消费者的购物行为与以往不同，越来越多的消费者在购物时也正在考虑新的因素：健康和福利、安全、社会影响、体验……

消费者走进了理性消费的时代，他们比以往任何时候都更希望获得准确的信息。对于这些信息，他们通过互联网、社交网络或移动应用程序便可获取。因此，要想在消费战中取得胜利，品牌就必须在消费者常用的渠道中为他们提供信息。

消费者对信息的需求导致薪酬模式有所变化。消费者希望尽可能地跨过中间环节，直接从生产者那里购买，因为他们深信只有这样才能掌握产品的一切信息。这样一来，消费者成了合作社的股东，获得实物分红并在农民的饭桌前一起吃饭。这种共享经济不仅让消费者变成了生产者，其地位也在最短时间内从饱受争议变为主流。爱彼迎（Airbnb）将公寓变成了酒店客房，邻家美食平台（Menunextdoor. be）将业余厨师变成了餐厅老板，而优步（Uber）这样的出租车公司则颠覆了整个行业。由于互联网的存在，参与其中变得比占有更重要，新规则也随之而来。

消费者的彻底转型对制造商和零售商来说是前所未有的挑战。换句话说，他们必须努力去了解消费者并不断与其保持沟通。现在，技术允许我们实时解读消费者的行为和购物意图，根据分析的结果，企业可以设置一些合理的体验并展开个性化的沟通。

欢迎来到超背景、个性化和其他背景的时代。

从“推动”到“拉动”

几十年来，商家一直在引导着消费者，让他们了解哪些是自己完全需要的产品。生产商不惜通过各种渠道和媒体向消费者提供这些产品，用尽一切手段来吸引消费者的注意力并唤起他们的兴趣，并最终说服他们购买。这一流程被简单地称为销售漏斗。今天，漏斗呈现出了完全不同的一面。

消费者不会再采纳零售商告诉他们的任何意见。现在为了吸引消费者，零售商首先要自省，以确保自身能达到他们的期望。零售商不仅要了解消费者需要什么，还要满足其随时随地都能购物的需求。因此，你还需要考虑一些额外的计划或新颖的事物。另外，也不要忘记他们的评价，你会比以往任何时候都需要它。

换句话说，今天是消费者决定了品牌和商店销售的情况，因此千万不要吹嘘自己是最好的了，消费者会通过自己的方法来判断是否接受某个品牌，以及判断这个品牌是否提供了独特的体验和传达了有效的信息。为了获取最大的机会，品牌必须创建一个粉丝群来传递信息。

零售是一切，无处不在

在过去的10年中，消费者通过电脑、手机或者智能家居应用软件进行购物，从而走进了数字化购物时代。现在，零售和快消品行业正处于物联网突破和机器对机器通信进展的前夜，我们正从手机购物时代朝向智能购物时代发展。2016年和2017年标志着语音识别服务的变革，语音识别软件不仅可以给你指路，告诉你商店在哪里，还可以通过Alexa为你下单。我们之前对此闻所未闻。

2016年和2017年标志着语音识别服务的变革，语音识别软件不仅可以指路，告诉你商店在哪里，还可以通过Alexa[一]帮你下单。

零售业不仅朝着提供便利的方向发展，还朝着提供更多服务和体验的方向发展。虽然购物并非趣事，但消费者愿意花费时间和精力去享受愉快的购物体验。对此，技术是商家埋想的伙伴。通过技术，商家可以提供更好的体验、更优质的服务、更加个性化的产品和更合适的价格。

在商店中，无限的虚拟货架可以将消费者的注意力吸引到最畅销的产品上或最独特的产品上。网店和实体店完美联动，不仅为顾客提供了不间断的体验，还让消费者随时随地地轻松购物。从商店跟着消费者需求脚步走的那一刻起，客户旅程（costomer journey）便无开始或结束。

举个虚拟应用的例子。在不久的将来，你家浴室中的智能镜子会记录你的尺寸数据，你可以依据该数据在网上筛选自己需要的衣服。在商店里也一样，你可以通过虚拟试衣镜随便试衣。在电视上，品牌会事先根据你的喜好进行过滤，然后向你推荐匹配的产品。你只需将其添加到购物车，并在第二

[一] Alexa是亚马逊公司的一家子公司，专门发布网站世界排名。

天到取货点取货便可。

通过流动店、快闪店、虚拟空间或其他场所，商店直接接触到了消费者。为了更好地和消费者进行接触，数据是零售业未来不可或缺的一部分。现在，建立在购物者个人数据基础上的综合渠道取代了原有的销售渠道。

服务也是如此。直播购买意味着无论是在家中、工作单位还是在商店里，所有消费者都会获得同等的帮助。按照时间和地点的不同，直播服务会分别由聊天机器人、商店员工、品牌粉丝、全息图或机器人提供。机器人的好处在于它知道所有的货物存放在哪里，因而不仅可以告知购物者商品的位置，而且还可以自己去取货。另外，提供24 小时服务已成为一项要求，这也是零售的下一个发展趋势。

发生了什么

一个多世纪以来，价值链从头至尾的合理顺序是：从生产者到零售商，从零售商到消费者。生产者交付产品，消费者支付最终价格，零售商从中获利。这是我们都知道的，不是吗？

而今天不再是这样了，价值链即将爆炸，商店不再是唯一的销售渠道。典型的自上而下的模式，即公司处于顶端、消费者处于底端的模式，已经过时。我们生活在一个深刻变革的时代。

世界在变化，人口在增长，贫富差距在扩大。

这是怎么一回事呢？如今，消费者处于掌控状态，这在很大程度上决定了价值链本身。在瞬息万变的世界中，价值链上的所有环节（即消费者、零售商和生产者）都需要协作，以确保不被淘汰。

世界在变化，人口在增长，贫富差距在扩大。西方面临经济衰退问题，而经济高增长地区则面临原材料匮乏、气候变化等问题。这些不稳定的因素引发了移民潮，而随着移民潮的到来，西欧比以往任何时候都更加多样化。这样的人口多样性在城市化进程中愈演愈烈。

与此同时，技术不但引起了力量的转移，还使得商店拥有无尽的货架，可以做全世界的生意。另一方面，消费者希望生活能够简单化。借助新技术，简单的生活以新形式出现。但是上述现象的结果并非完全尽如人意，商业街将此演绎至极点。根据埃伯尔措夫特集团（Ebeltoft Group）及其旗下的问答咨询公司（Ebeltoft 和 Q&A）的统计得知，2011 年，荷兰 78 家连锁总店共拥有 6687 家分支机构，而 2017 年只剩下了 3239 家，降幅接近 52%（见图 1）。对于近年来被迫关门的连锁店，我们可以举出许多例子。

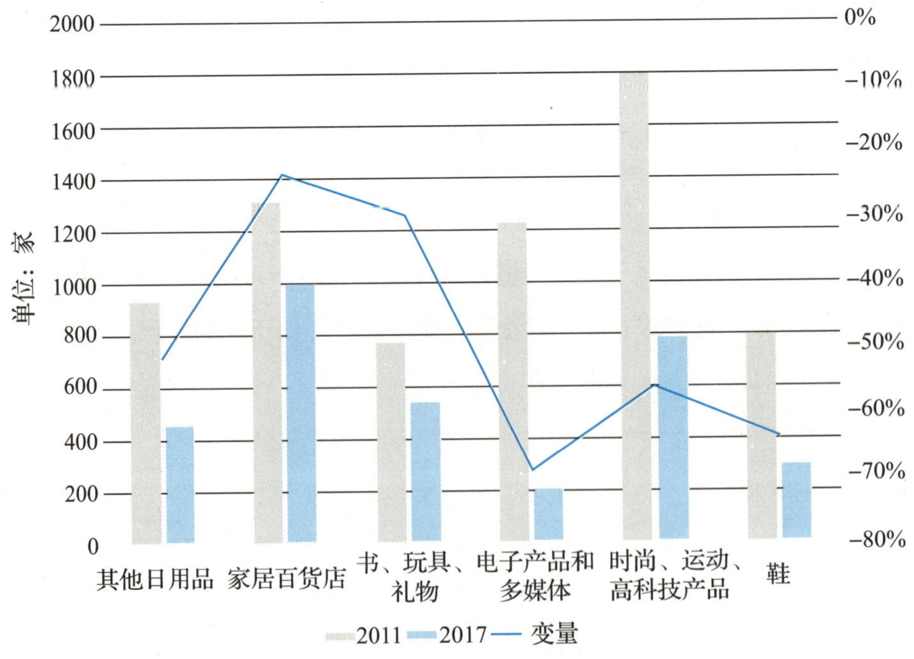

图 1　2011—2017 年荷兰商店数量变化图

依据 2017 年 7 月 2 日的 78 家连锁店数据计算得出的自 2011 年以来关店数量

零售业正经历一个新的阶段：全渠道零售（omni-channel retail）和个性化零售（Metail）。比利时娱乐连锁店——乐（Fun）的共同所有人，若埃利·德·瓦勒称这一阶段为“零售 4.0”（见图 2）。这是零售行业的第四次演变/革命，其最好的例子今天仍在孕育之中。

个性化零售是全渠道购物的新方式

零售1.0	零售2.0	电子零售3.0	个性化零售4.0
	Walmart Save money. Live better.	amazon Zappos.com POWEREDbySERVICE	Metall
始于20世纪初	始于1950年	始于1995年	始于现在
第一批自助零售商	以大型超市为标志，如乐购、沃尔玛、欧尚	首批电商，如亚马逊、美捷步等	最佳实践，仍在孕育中

图 2　零售的四个阶段

大众消费时代下的零售 2.0

零售业的好时代通常是指 20 世纪 50 ~ 70 年代，那是大众消费的辉煌岁月，是商人的时代。第二次世界大战之后，由于缺乏和剥夺的时代已经结束，所以每个人都想要发展。战后的欧洲在美国文化的影响下，除了 19 世纪末就已出现的百货公司之外，超市、购物街、其他百货公司和快餐店也如雨后春笋般地涌现于大街小巷。

与此同时，由于越来越多的女性开始上班，所以家庭财富大幅增加。另外，中产阶级也开始占据社会的主流地位。当一切发展顺利后，孩子的数量便有所增加。这期间出生的孩子被称为“战后儿童”，他们比自己的父母拥有更好的生活，他们学习的时间明显延长，进入工作领域的时间也自然推迟了。这种新型的年轻人尽管依赖父母，但他们拥有强大的购买力，而且很容易被广播特别是电视广告所吸引。

品牌通过电视渠道广泛接触大众，并通过电视将信息传递给潜在客户。另外，在那时，电视比其他渠道更具竞争优势。公众对新奇产品的广告高度赞赏，渴望了解所有这些产品。经济蓬勃发展，购买力增强，购买商品的人数增加，货物周转加快，简而言之，一切都发展得很好。对于零售商和零售业来说，这是黄金时代的开始。

随着大规模生产和福利社会的到来，新的群体成为消费阶层。由于需求的存在，我们必须提供产品，因此大众市场、大众消费和广告狂人这一大众营销手段相继出现了。在这个时代，零售业也在发展，从地方走向国家，从独立的零售商转变成连锁店。随着流动性基础设施的改进，这些连锁店变得越来越重要，无论是从数量还是从规模而言。

为了扩大规模效益和发展商业，在为消费者创造一站式便利商店的理念下，商品供应范围不断扩大。当你在零售商A那里可以找到所有东西时，为什么要去零售商B那里？就这样，杂货店变为超市，超市再变为大型超市，然后宜家这种规模的购物中心就诞生了。

无国界世界

社会在变化。面对20世纪70年代的石油危机、无休止的冷战和海湾战争、80年代第一个饱和迹象等社会现象，工业界在了解到其他地方的价格更便宜之后，大批地离开了欧洲。因此，西方发达国家的工作机会越来越少，工资也停滞不前。

工业无国界使得欧洲以外（西欧）的许多人了解到了新价值，新的移民和抗议潮也随之出现。此外，消费者不再需要统一的标准，因此他们的需求也变得千差万别。

供需平衡发生了转变，随着供应的不断加大和高效配送系统的问世，消费者面临产品过剩问题。特别是在 20 世纪 80 年代物流出现之时，进口异国产品变得更加容易，从此消费者不仅能够买到自己想要的一切，而且还可以拥有更丰富的产品。世界正在从生产驱动型经济走向市场经济，产能不再是经济发展的关卡，取而代之的是需求问题。

依靠互联网，消费者掌握了消费主动权。

1995 年，未来全球最大的在线零售商以及所有实体零售商的噩梦——亚马逊（Amazon）诞生了。亚马逊的出现标志着新时代的开始，在这个新时代，脸书（Facebook）、推特（Twitter）、苹果（Apple）或三星（Samsung）成为我们身边不可或缺的产品。在 21 世纪初，由于宽带的出现，互联网得以普及。另外，搜索引擎谷歌（Google）刚刚推出，苹果公司也开设了第一家名为苹果零售店（Apple Stores）的实体店。

依靠互联网，消费者掌握了消费主动权，可以按照自己的意愿和偏好去选购所需商品，并去最适合自己的地方进行购物。零售商所面临的威胁不再是客户忠诚度的问题，他们需要考虑的是如何提供个性化的服务。在零售发展的趋势中，“统一尺码不适合每个人”的口号占据上风。

以亚马逊出现为标志的零售 3.0

亚马逊不仅被认为是第三次零售革命（零售 3.0）的典型标志事物，同时也被看成是零售 4.0 这一新时代的开端。亚马逊以电子商务为基础发展起来，电子商务即所谓的零售 3.0，它的出现颠覆了传统的零售方式。虽然许多企业未能适应因特网带来的挑战而折戟沉沙，但亚马逊却从中脱颖而出。正因如此，我们才以亚马逊的出现为分水岭，划分出前亚马逊时代和后亚马逊时代。

亚马逊不仅被认作是第三次零售革命（零售 3.0）的典型标志事物，同时它也被看作是零售 4.0 这一新时代的开端。

亚马逊不再是简单的纯电商，它标志着新零售模式的出现。这个新型的零售就是个性化零售，以平台、过度竞争、两极化和消费者为重要特点。亚马逊是当今三大科技公司中的一员，与谷歌和苹果齐名。

亚马逊在和英格拉姆（Ingram）图书批发书商订立合同时，就意味着完全颠覆了零售概念。亚马逊的创始人，杰夫 · 贝佐斯（Jeff Bezos）不仅获得了书商的整个库存，而且还从网上商店直接提供可卖的书目；它需要做的唯一一件事便是找到顾客订购的书，然后打包邮寄给顾客。所有的程序都在仓库完成。由于成本较低，价格不难做到低廉，因此亚马逊出售的书比街道上的实体店出售的书要便宜许多。

亚马逊就这样问世了，但这样的理念毫无新意不是吗？杰夫 · 贝佐斯早已深知这一点，他清楚自己的理念是非常容易被效仿的。那要如何保持自己的特性？那只有保持最强大，以速求发展和不断革新。这也正是亚马逊有预见性的一面，因为事实证明，后来加入市场的商家已没有落脚之地。杰夫·贝佐斯不断扩大投资以使自己难以被超越，他无暇关心亚马逊是否能赢利。

网络销售巨头亚马逊不满足于只做数字革命的领头人，为了和品牌生产商一较高低，它开始出售自己的“私人品牌”。在市场上，亚马逊占据了有利的位置，它不仅可以无限地供应而不必留有库存，还可以毫不犹豫地实施低价政策。综合以上方面来说，亚马逊是新零售业的标杆。

从零售 3.0 到“新零售”

如今，亚马逊更加超前，开始开设实体店。这绝对是向前又迈了一步，因为亚马逊证明了自己不再考虑销售渠道的问题，而在为实现渠道整合而努力。当西雅图或波特兰的学生不想在线上搜索，而是希望在书店随便翻翻时，亚马逊便想要成为学生心中想去的书店。对于亚马逊来说，商店就像网站或应用程序一样，只是一个能和消费者接触的点。这涉及的是客户旅程的问题，即整个购物过程中，企业直接接触客户的所有地方。

亚马逊通过收购美国全食（Whole Foods）连锁超市，不仅进入了食品零售行业，还学习了运营实体零售的诀窍。亚马逊希望成为 21 世纪的零售商，销售任何地方的任何商品。换句话说，亚马逊希望自己能够成为数字时代的“全渠道沃尔玛”。杰夫·贝佐斯在 2013 年出版的传记《一网打尽》中写道，他曾在 2007 年扬言“要成为一家价值 2000 亿美元的公司，我们需要学习如何销售食品和服装”。现在，亚马逊价值约 5000 亿美元，并专注于这两个行业。

随着“先试衣再购买”政策的出台，亚马逊比以往任何时候都更希望主宰时装市场。亚马逊会员可以同时订购 15 件商品并享受 7 天免费退货的服务。为了方便自提，亚马逊在住宅楼内设立了自提柜，并将美国全食门店作为自提点。这也表明物流必会成为公司的主要资产。此外，亚马逊还与街头品牌 Nicopanda 等新兴创业企业合作销售独家特别限量版。

阿里巴巴是中国的亚马逊，它目前已渗透到了各行各业。阿里巴巴的网络零售已经从淘宝网这一为中国商家提供服务的在线市场，发展成为服务全球消费者的完整的商业生态系统，从提供高品质国际品牌和零售产品的大型网上商店（天猫 Tmall. com）发展到了在线支付系统。另外，阿里巴巴还有自己的品牌。像亚马逊一样，阿里巴巴已下决心大干一场。它现在拥有自己的高科技超市——盒马鲜生和能够为消费者提供智能服务的语音助理天猫精灵。庞大的零售王国洞悉一切。

依靠盒马鲜生这一全渠道连锁超市，阿里巴巴甚至已经领先亚马逊。亚马逊在食品分销领域还在进行摸索，而盒马鲜生已不断地在中国扩张。据阿里巴巴首席执行官张勇 2017 年在《彭博商业周刊》发表的言论，盒马鲜生不是超市或食品店，而是一个全新的概念。在盒马鲜生，顾客不仅可以挑选并加工新鲜的海鲜，而且还可以在网上进行订购。订购的产品通过其店内的数字化系统分拣，半小时内便可配送到家；顾客还可用智能手机扫描条形码来获取更多的产品信息，并可以使用支付宝付款。另外，盒马鲜生应用程序还会向顾客推荐个性化的产品。盒马鲜生希望成为新零售业的代表，换句话说，阿里巴巴视线上线下销售的无缝结合为未来。

顺便说一句，顾客总是希望用最简单、最快速的方法找到所需的东西，所以他们只在乎购物场所能否提供这样的便利，而不会介意购物场所的类型，无所谓是实体商店、在线商店还是手机应用程序。我们正处于零售 4.0 时代的开局之时，无论在哪里，每个品牌的体验、承诺、服务和价格都必须一致。

资本主义的终结？

当我们一边狂热地踏入新千年，一边担心千年虫的时候，却不知一个更加令人恐惧和不确定的新时代即将来临。21 世纪初，技术泡沫爆发了。其实早在 1997—2001 年期间，许多初创公司便笼罩在技术泡沫的阴影之下。当时的网络正经历着一场毫无根据的狂热，投资者不过是带着执念进军网络业。由于没有见到任何成果、任何利润，因此泡沫最终产生了。另外，管理理念和技术本身都没有为商业进步做好充分的准备，管理者只注重增长，不注重良好的管理。因此，只有最强的企业才能屹立于风雨之中并支撑下来。

在 2008 年，我们则面临银行恐慌。这是一个象征性时刻，因为普通百姓突然明白了：之前口耳相传的资本主义并非神圣不可侵犯。肆无忌惮的消费主义和新自由主义鼓吹的无尽增长和繁荣成为幻影，许多人突然间失去了一切：他们的家、工作和通过信贷建立的奢华生活。

个人就是消费者的概念早在 19 世纪中产阶级诞生之时便已根深蒂固。从那时起，人第一次获得了改善自己的物质生活和社会地位的可能性。社会地位不再依赖于贵族头衔，而是凭借个人积累的财富。社会地位的上升导致了营销的出现，因此我们鼓励人们生产或购买东西以改善自己的生活质量并提升自己的社会地位。那时的信条是：只要足够努力，每个人都可过上富裕的生活。

然而，这个想法近年来颇受质疑。随着全球化的进程，我们进一步发现我们周围存在的不平等现象和问题，因此，我们不可能再无视这些不好的事情。

随着西方国家贫富差距的再次扩大，中产阶级受到威胁，资本主义备受指责。如果经济增长势头良好，如果我们多多购物、努力工作，情况是否会好转？2013 年，市场营销专家赫尔曼·托克（Herman Toch）教授将上述疑问称为“当前世界总体系统崩溃”。他表示，我们正处于向新世界过渡的阶段，在这个新世界中，不应再以消费者为重，而应该以个人为重。

从追求繁荣到追求幸福的过程中，面对不断增加的不确定因素和让人倍感压力的快速发展，我们的第一反应是寻找定位、诚信和透明度。因此，我们看到新兴经济类型的出现：共享经济、贸易经济、社交经济、地方经济、健康经济和体验经济。

从以顾客为本到以人为本

顾客的概念随着传统零售的没落而消失。由于营销专家和零售专家希望商家将“顾客至上”作为运营和管理的信条，所以上述说法可能看起来并不成立。为了解释这点，在本书中，我们要分别了解一下顾客、消费者和个人的概念。

顾客的概念随着传统零售的没落而消失。

顾客的概念与卖家、商家或品牌等概念有着密切联系。从某个人那里购物的那些人是前者的（他的）客户。“他的”这个主语形容词意义深长，因为这是一种所属关系。根据这个推理，一旦零售商设法“诱捕”了顾客，该顾客就是属于他的“财产”。一个人被品牌或零售商俘获的时代已经发生了变化。今天，消费者不再忠诚。除了少数品牌依旧受到顾客青睐外，其他品牌难有忠诚的顾客，因为购物者的偏好变得非常多变。由于顾客有更多的选择性，他的要求也变得更高，因此当商家不再可能吸引顾客并保留住时，顾客的概念便不存在了。

我们刚刚描述的情况是许多传统零售商犯下的错误，这导致其全部的或几乎全部的损失。阿姆斯特丹奥兰德标准价格公司担心其顾客不再选择自己，而威登·迪巴乔[㊀]（V&D）则徒劳地寻找着挽回其顾客的方法。

其次，现在的情况是个人通过购买商品来满足需求而成为消费者。与顾客不同，消费者处于掌控地位，决定自己将购买什么、将如何购买以及将在哪里购买。几十年来，营销人员一直在努力地了解消费者的需求，并向他们传递某一特定品牌能够满足他们需求的信息。为了做到这一点，这些营销人员分析消费者的行为，试探消费者的意图，细分市场，然后有针对性地向消费者推荐产品。其实这也没有什么太复杂的，毕竟有太多新鲜事物要尝试，因此我们目睹了汽车、洗衣机、电视机、电脑和智能手机的诞生。

长久以来，当看到中产阶级的成长和繁荣时，我们相信只要他们有钱，就会愿意购买更多的产品，愿意在新产品和服务上进行消费。而今天，零售商和品牌却发现无限的增长并不存在。就产品而言，现在出现了“微过剩”的情况，仅技术和电子产品还有生产空间。赫尔曼·托克说，商家与其向消费者提供产品，不如向个人提供产品。个人有着消费者没有的特点：个人是多面性的，个人有自己独特的需求，个人的购物行为是不定的，个人既独立于商家又与商家合作。总之，对于消费者而言，一切都是关于占有；而对于个人而言，重要的是存在感。

为了鼓励个人购买，品牌不仅要让个人了解自身产品的价值，还要确保这些产品为他们的生活提供附加价值。销售专家道格·斯蒂芬斯（Doug

㊀ Varden Dbaggio，荷兰知名百货公司，也是荷兰最大的连锁百货商店，于 2015 年年底申请了破产保护。

Stephens）在 2017 年指出，“没有人真的需要你的产品”。因此，提供的产品和服务必须能满足更高的需求并能够抓住人的心理。那些想要成为个人心中而不仅仅是消费者心中品牌的零售商，它们不仅要和个人建立联系，而且还要设法让别人了解自己的价值，只有这样，品牌才会受到个人的青睐，因为现在个人关注的是价值。在面对无以计数的供应商时，个人会选择与自己价值观相同和能提供自己想要的产品的商家。

个人关注的是价值

目前，零售业正在将重心从消费者身上转移到个人身上。营销顾问埃里克·塞伦斯（Erik Saelens）倡导营销的意义，建议将价值和商家/个人关系摆在首位。事实上，个人已不再是品牌的目标受众，相反，在公开和透明的世界中，企业需要了解个人的需求。

我们看到越来越多的品牌将自己定位为一个拥有一系列价值、梦想和想法的“个人”。

我们看到越来越多的品牌将自己定位为一个拥有一系列价值、梦想和想法的“个人”。斯特凡·樊迪斯特（Stefaan Vandist）称其为“市民品牌”。这些品牌明白它们的社会责任，明白它们像人一样，也处于社会中心的位置，明白它们必须做出贡献。它们了解到当今社会的问题和挑战，并决定采取行动。

Patagonia 是一个典型的以社会责任为基础发展起来的品牌。作为户外生活用品品牌，它热爱自然，并向环保协会捐献 1% 的营业额来支持大自然。这个服装品牌更令人惊讶的一个特点是，它积极关注过度消费问题。Patagonia 不仅鼓励人们少买，还提倡回收行为，为那些捐献旧损服装的顾客提供积分。Patagonia将这些旧货进行处理后，会将它们放在二手商品网站上出售。

另一方面，不直接面向个人的品牌必须付出代价。例如，Blokker是荷兰一个室内外装饰品零售商，尽管它已经通过数字化技术提升了顾客体验，但顾客认为它提供的商品虽然齐全，但是没有任何特点——产品不够个性化，没有自己独特的价值，不能提供个性化的体验。

第四次工业革命下的零售4.0

我们通过Snapchat（色拉布）每秒可以发送一万多张照片，通过推特每天发送超过5亿条推文。每个应用程序都尽力吸引我们的注意力。但是自从手机出现以来，我们的专注能力是否已经严重下降？根据一则著名的营销神话，目前，我们的专注力可能还持续不到8秒，短于金鱼的注意力集中时间。尽管这种说法很可能是条假新闻，但它揭示了一个众所周知的问题：所有事情都在高速发展。

社会也是如此，其变化速度不断加快。例如，电力普及了46年，电话则是35年，CD播放器在12年内吸引了大众，而智能手机仅用2年就够了。正如彼得·汉森（Peter Hinssen）在《明日之后》中展示的那样，这只是冰山一角。英特尔计算机事业部的联合创始人戈登·摩尔提出了“摩尔定律”，认为（计算机）技术在迅速获得越来越多性能的同时，成本在下降。然而，这种演变不是线性的，而是呈一条指数曲线。

与此同时，即使信息技术不能像摩尔所想的那样迅速发展，我们也正处在以加速变化为特征的新工业革命时代。第四次工业革命紧随着互联网革命的脚步而来，它是一场技术革命。《第四次工业革命》的作者、世界经济论坛主席克劳斯·施瓦布称：“就规模、范围和复杂性而言，我认为第四次工业革命与人类迄今为止所经历的革命截然不同。”

许多新技术伴随着第四次工业革命同时出现，例如人工智能（AI）、机器人、物联网（IoT）、无人驾驶、3D 打印、量子技术、纳米技术、生物技术、材料科学和能量储存。这些技术对所有行业都产生了影响：新的商业模式出现，现有模式被打乱，价值链上的所有环节都被重新定义。因此，生产、消费、运输和交付方式都呈现出新的面貌。

第四次工业革命的影响异常重要。现在，数十亿人通过移动设备相连，计算机的信息处理能力、存储空间和知识获取也都前所未有地得到了发展。克劳斯·施瓦布说：“这些变化不仅改变了我们的行为，还改变了我们的行为方式和我们本身。我们周围的变化给我们带来了很大的影响。”

企业通过 4 种方式影响着第四次工业革命：

- 随时随地地了解消费者的需求，因为他们的需求在不断变化。
- 新产品依消费者数据推出。
- 创新通过合作进行。
- 新的商业模式正在兴起。

我们在零售和快消品的发展中非常清楚地看到了这 4 个要素。一旦技术在某个行业中引起革命，雪球就会越滚越快、越滚越大。当技术发展到顶峰时，新的破坏力就会出现，并进一步加速行业的变革。就零售业而言，雄心勃勃的小型公司和新创公司将会加速零售业的变革。

具有破坏力的是速度，而非技术。

社会变革的速度进一步加快

问答公司咨询顾问弗兰克奎·克斯（Franc Quix）说："具有破坏力的是速度而非技术，速度摧毁了这个时代。"为了保持竞争力，公司必须以速制胜。目前，针对某一问题开发某一产品并不是一件困难的事情，甚至就同一版本，我们还可以生产不同的型号。无论你怎么想，不是最佳产品，而是在最短时间内能流行起来的产品才能脱颖而出。虽然过去也是如此，但现在这个过程进一步加速了。

不是最佳产品，而是在最短时间内能流行起来的产品才能脱颖而出。

丰田（Toyota）多年来一直致力于研究电动汽车技术，但特斯拉（Tesla）一直处于领先地位。丰田不希望自己的产品和特斯拉竞争，因此决定研究混合动力汽车。而这正是特斯拉征服电动汽车市场的绝佳机会。特斯拉希望分享其电动汽车的技术和知识，以促进其他品牌的可持续发展。而丰田之前一直拒绝这样做，这种态度反映了一种小心翼翼保护知识和创新能力的思维方式，但这种思维方式已经过时了。变革速度如此之快，只能通过协作来维持创新。

根据德勤零售市场波动性指数的计算结果，在过去的 20 年中，零售业的波动率正大幅增加。在美国，除亚马逊以外，大型零售商的市场份额波动幅度巨大，其股价也不得不面对巨大波澜。

尽管零售业增长乏力，但市场份额争夺却异常激烈。当市场饱和时，剩余资源必须共享。有些人采取缩紧政策，有些人会被淘汰。要想改变这一现状，除非有人提供新市场。

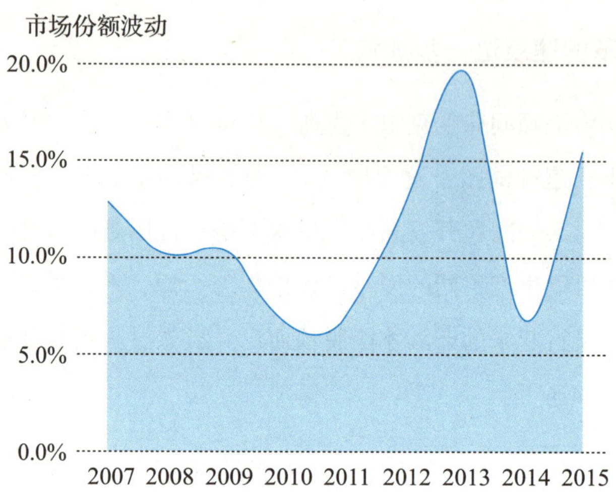

图 3　零售市场波动性指数

注：该指数以美国前 153 家顶尖零售商为依据。零售商对年度市场波动指数的影响最大。

未来 10 年，零售业将发生巨大的变化，这一变化将比 20 世纪的变化更夸张。在技术上，之前许多不成熟的发明现在已经足够成熟，可以普及大众并持久地影响市场。在未来 5 ~ 10 年内，不仅在家进行虚拟购物将成为普遍现象，而且各种智能产品也将会被推出。另外，这些智能产品将赋予零售商新的角色。

根据高德纳公司（Gartner）发布的“技术成熟度曲线（hyper cycle）”，新技术达到曲线的过高期望的峰值后是泡沫化阶段。只有在达到这一点后，技术才能真正得到发展并被大众所接受。目前，和移动支付有关的炒作几乎已经停止，但这种支付方式正在到处流行。

虽然物联网和大数据的概念在几年前达到顶峰，但今天我们意识到这还没有结束。不过这也有积极的一面，因为如果我们沿用上述理论，这就意味着物联网和大数据将在短期内被其支持者和反对者所接受。现在通过数据，零售商可以根据对顾客购物量的预测进行采购。另外，20 世纪 90 年代推出的虚拟现实产品和机器人产品，由于技术不成熟而败北后，现在也正在卷土重来。这要得益于互联网的强大功能、低廉的硬件价格和先进的计算机技术。

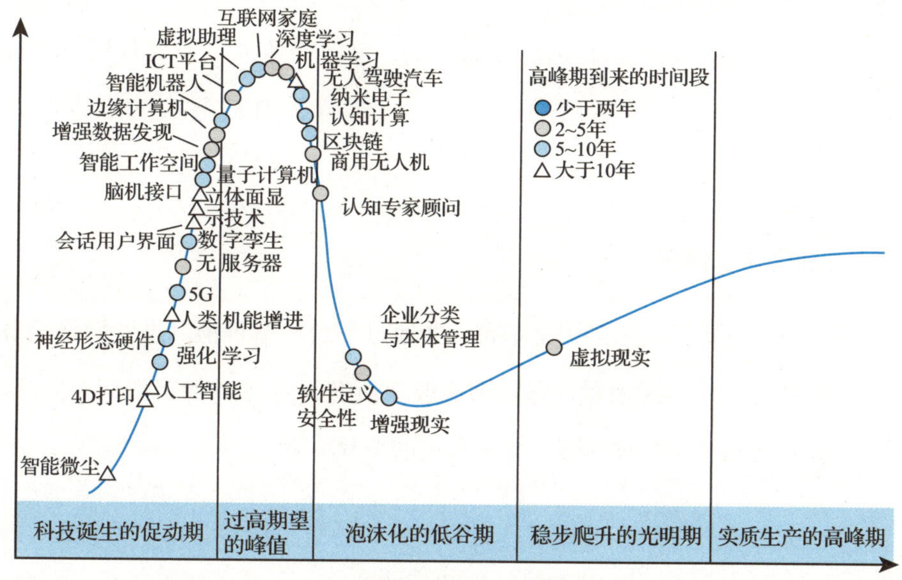

图 4　2017 年技术成熟度曲线

技术创新以极快的速度一个接一个地出现，并影响着消费者的购物行为。只有那些能够提供最具个性化产品的企业才能生存下去。

平台革命

最终，用户进入价值链最末端的这种典型线性价值链将不再存在。在这种价值链中，公司按自己的需求进行生产，然后对最终消费者说：“这是为你们生产的，买吧。”

从逻辑上讲，价值链和“推动”模式有相似之处：将产品和服务推向市场，以便被最大化地销售。换句话说，这是一个由供应驱动的市场，并不是消费者决定想要什么，而是公司供应自己所销售的东西。

这种由公司主导的产品生产和服务提供的模式已逐渐成为过时的模式。目前，许多增长速度惊人的公司，例如爱彼迎（Airbnb）、优步、阿里巴巴，以及荷兰电商平台 Bol. com 和 Zalando，已经开始推行外部营销，即价值由用户创造，公司满足用户的需求。公司将价值链两头的双方联系起来。

网络扰乱了经济

展开外部营销的公司创建了平台，并通过平台创造价值。虽然网络经济往往被低估，但从长远来看，它将彻底改变所有行业或者颠覆它们。对此，派克公司认为这不是一种演变，而是真正的平台革命。

平台是促进外部生产者和用户之间交易的场所。具体而言，亚马逊、阿里巴巴、易集（Etsy）、脸书（Facebook）、datingsites、品趣志（Pinterest）、猫途鹰（TripAdvisor）、嗡嗡喂（Buzzfeed）和优步等这样的市场、二手货网站、社交网络都是平台。所有这些平台公司都旨在将个人、公司和/或品牌联系在一起。目前，它们数量惊人得多。

这些平台破坏了整个价值体系，因为它们的增长来自网络效应。它们的增长不是通过内部因素实现的（例如通过供应实现的规模经济，销售点数量的增加或产品范围的扩大），而是通过使用供需双方中的一方当杠杆，来促使另一方发展的策略实现的，即通过网络双边效应实现的。例如，当越来越多的卖家在 2ememain. be 或 Marktplaats. nl 上提供自己的产品时，购物者找到他们需要的东西和使用该网站的可行性就会变大。同时，越来越多的购物者也吸引了更多的卖家。这就造成了雪球效应，导致指数增长。而规模经济的实现从未如此简单。

但是，不同平台之间的商业模式可能存在很大差异。虽然亚马逊在每笔交易中向商家收取佣金，但阿里巴巴并未在其淘宝平台上向供应商收取任何费用。阿里巴巴的收入来自广告和商家为提高自己的知名度而支付的费用。在 2016 年夏天，Bol. com 宣布将提供两种选择，卖家除了必须支付的佣金外，还可以付费使用赞助搜索结果，进行广告展示，开办品牌页面或博客。

Leung 和 Lesko 认为，要想获得成功，一个互联网平台必须做到三点：

- 确保供应商和买家之间的一致性。
- 建立信任环境并控制质量。
- 促进互动。

匹配供求关系

供求之间的完美匹配当然是最重要的，至于供应是否和需求一样是来自公司外部，这就等于问“先有蛋还是先有鸡”。当还不知道有多少买家对产品感兴趣时，为什么要在新的互联网平台上销售产品呢？相反，如果平台上的卖家数量很少，那也不会吸引很多访问者。

作为一个平台，最需要投入什么才能运营？声田（Spotify）、品趣志和猫途鹰等平台通过社交网络来增加知名度，并收集自己需要的数据。由于现在有“与脸书连接”的服务，所以在线公司很容易知道脸书的用户是谁，并且可以访问他们的朋友圈来吸引新用户。

此外，互联网平台必须确保能够向消费者提供他们所期待的产品。事实上，受消费者青睐的平台是可以做到这一点的。例如在易趣、淘宝和2ememain. be这样的网站上对某一产品进行随机搜索，便会获得一系列符合消费者需求的产品信息。可见，在互联网平台的“供”和消费者的“求”之间，对符合消费者需求的信息进行有效过滤、高质量搜索以及标准智能算法有着重要作用。

控制并赢得信任

网络中最困难的一点就是建立可靠的信任关系。爱彼迎和优步无疑是媒体经常提到的滥用互联网平台最著名的例子。由于它们是互联网平台的鼓吹者和赢家，所以它们的竞争对手，那些通常采用传统经营模式的商家，就会缺少新客户。所以在问题发生的时候，后者便会尽可能地去抹黑它们。可见危险是真实的。

网络中最困难的一点就是建立可靠的信任关系。

在用户占据主导地位的商业模式中，用户信息量的螺旋式下降可能导致企业在最短的时间内陷入困境。但由于成功的平台规模巨大，所以尝试手动控制是不太现实的。因此，需要一个可以处理信息反馈、信息修正和提供过滤算法的系统进行控制。换句话说，就是需要一个自我监控系统。

当竞争很激烈时，卖家保持良好的声誉很重要。这可以通过客户的好差评来洞悉一切，这些好差评组成了卖家的记分牌。根据邓肯·克拉克2016年执笔的《马云自传》所言，淘宝网上的商家正在仔细监控他们的在线声誉，为此，他们愿意通过一个小视频向潜在客户展示产品。同样，发货时附带小礼物也已成为一种习惯。所有的手段都在用来维护商家的声誉，对于商家而言，声誉大过一切。

如果卖方和买方之间存在争议，“淘宝小二”将作为仲裁方出面。“淘宝小二”是一群年轻人，他们花了大量时间来确保平台上的操作一切顺利。对此，阿里巴巴给这些小二支付高额工资，以保证其独立性和忠诚度。这些人被视为平台的关键要素，因为他们有权从平台中剔除商家，或者通过营销活动奖励商家。此外，粗心大意或腐败的小二也会受到严厉的惩罚。亚马逊积极对抗虚假评论，因为评论掌握平台的生死。

为了创建可靠的平台，与社群建立持久的关系也很重要。但是建立一种对等网络（peer to peer）和雇佣数千人而没有一个人拥有工作合同的平台是存在风险的。例如，为优步、易集或 FLAVR 工作的独立工作者，其工资仅为固定工人的一小部分，而且他们还不享有工作合同提供的保障和安全。如果平台未能为这个日益增长的灵活工人群体提供有力的保障，那么社群很快就瓦解。

便利结账

平台管理者的第三个也是最后一个角色是提供便利，即提供一个安全的交易系统。通常情况下，提供服务的平台只包含一个支付模块，概言之就是当事人只需就提供的服务进行支付。但提供商品的平台有时也负责物流，例如阿里巴巴与固定的物流服务供应商合作，对最后一公里进行监控。阿里巴巴通过物流服务与最终消费者保持接触，物流服务是它的一种附加价值。

Decovry 是比利时的一个“限时抢购”网站，出售小众设计师设计的配饰、服装和家居装饰品。该网站的一个特点是客户和网站签订购买合同，但订单只在供应商那里处理。

该方式不仅使得 Decovry 没有库存，而且供应商还可以根据订单数量确定自己要提供的产品数量。另外，生产商和 Decovry 就消费者的最大购买量达成协议。作为交换，生产商会给 Decovry 一些优惠，然后优惠又通过网站传递给消费者。任何在 Decovry 网上购物的人都会立即发现，这要比通过其他渠道购买便宜得多。

该项目的发起人称，这种模式对新兴品牌和设计者来说是个理想的模式，因为他们现在还不能满足大型零售商固定的或不可预测的需求。当达成交易时，Decovry 向供应商下订单，然后供应商将产品交付给 Decovry。Decovry 充当向消费者分发的中介；并按照公司的规定，在达成交易后的 20 天内配送。

为什么这个系统可以运行？因为价格优惠和时间限制的这种组合使得产品在消费者心中产生了排他性和稀缺性。作为外部供应商与购物者之间的中介，Decovry 充分利用了平台优势，从优惠的产品中获利。另外从经济角度来看，Decovry 采用了直接获益的模式：由于订单只在供应商那里处理，并从其库存中直接取货，所以 Decovry 无须支付库存成本。

支付机制不仅可以方便顾客，还是信任的来源。对于供应商和用户来说，速度和安全性是先决条件。正是由于这个原因，易贝创建了 PayPal（贝宝）。阿里巴巴不用 PayPal，它用的是自己的支付宝。克拉克认为，支付宝是阿里巴巴最大的资产。支付宝是中国最成功的在线支付系统之一，每年处理价值超过 7500 亿美元的在线交易。根据克拉克的说法，支付宝的总价值至少约是 PayPal 的 31 倍，这相当于全球在线支付总金额的 1/3。亚马逊也不甘落后，它通过在实体店设置 PAY PLACE，来支持用户进行移动支付。

从苹果到 Zara 的垂直化销售

互联网将世界各地的人们连接在一起，贸易也是一样。过去，零售商是供需双方、生产者与消费者之间不可缺少的环节，而全球化和数字化剔除了中间人，将这两者直接联系在一起。这又回到了从生产到最终消费者的单一完整价值链上。无论是在线商店还是自营旗舰店，垂直化销售已成为常态：零售商成为品牌，品牌成为零售商。

通过互联网可以进行直接销售，所以现在不一定要开设大型商场，也不需为此支付高额的固定成本。由于商店和库存不再是附加值，所以这两个因素不会对顾客产生影响。

商店和库存不仅是分销模式的基础，还是零售商计算其利润的基础（利润计算的标准是按照每平方米创造的销售额计算的）。不过，这样的传统零售现今已经不太适应这个时代了。在当今这个时代，商家直接管理价值链，从生产到销售。所有这些商家都是变成品牌的零售商和变成零售商的品牌，其中最著名的是苹果、H&M、耐克（Nike）、宜家和路易·威登（Louis Vuitton）。总之就是那些最受欢迎的和最成功的零售商。

这些公司的主要优势不仅在于它们无须和生产者进行协商就可以拿到最优惠的进货条件，还在于它们无须通过中间商进行产品销售。不过也不完全是这样的，因为垂直一体化价值链的形式非常多样化。

垂直营销的第一种模式是完全垂直的，即生产商通过自己的渠道向消费者提供品牌，例如 Zara 和宜家。第二种模式是混合型的，例如苹果公司。在这种模式中，苹果旗舰店与网上商店、合作伙伴、集合品牌零售商或单品牌零售商进行合作。但是为了避免和其他渠道进行竞争，价格和市场营销活动都由苹果公司自己定义。对于购物者而言，无论在哪个销售点，品牌形象都保持不变。

特别是在食品和日常制成品领域，品牌生产商正通过旗舰店、网上商店、快闪店等直接向消费者推销产品，这些零售商帮他们实现了营业额。

实体零售商，尤其是超市，已经成为真正的桎梏。

目前，由于消费者要求最优惠的价格，因此那些从中抽取利润的中间商正在逐渐被淘汰。科斯滕斯公司（Corstjens）在 2015 年称，实体零售商，尤其是超市，其发展遇到了瓶颈，因为它们不惜一切地想要赢得价格战，甚至放弃利润，然而超市是完全需要这些利润来支付固定成本（如租金）的。因此从长远来看，超市的行为是损人不利己的。

为了挽回局面，零售商变成了生产者，开发自有品牌。其实自有品牌已经存在了很长一段时间，它不是一些没有特色的产品，而是一些用来塑造零售商形象的产品。即使是最先进的零售商，如亚马逊和 Zalando 等，也在投资自己的产品。它们通过自有品牌实现了差异化，重新掌控了供应链。另外，通过这种较短的垂直价值链，它们不仅提高了利润率，还避开了大型生产商和消费者带来的压力，毕竟消费者总是喜欢比较价格。

几家大企业让世界变小了

只销售其他品牌产品的零售商还有未来吗？答案是肯定的，但是它必须有所改变。目前，消费者所期望的零售商是那种能提供各式各样便利性的零售商。

如果同时具有速度和便利性这两个因素，那么汇集了不同商家的统一销售点就会获得成功。因此必须要尽早地将这两个元素结合，因为消费者正在竭尽所能地找到自己所需要的一切。也正因为如此，亚马逊和 Bol. com 希望成为“全能超市”，为所有人服务，就像昔日的玛莎百货（Marks&Spencer）和女王店（De Bijenkorf）。现在，这几家零售商已失去昔日的辉煌，正在寻找新的突破口。

为什么呢？当每个供应商成为一个品牌时，由于每个零售商本身就是一个品牌，所以供应商便成了竞争对手。目前，多品牌集合店内部的竞争，以及各个多品牌集合店之间的竞争都非常激烈，大商店通过自有品牌展开了激烈的竞争，品牌之间互相争斗，网上商店对实体店发起了进一步的攻势……看看谷歌上的搜索结果便可知竞争的激烈程度。

产品战争似乎不具前景，而且也是不可持续的。然而，这是许多连锁超市，如亚马逊和 Bol. com 等零售商的日常现实。正如时装设计师罗德尼·菲奇喜欢说的那样：“只有一家是最便宜的，其他家必须要从别处突破。”而突破点就是速度和产品的齐全性。

要想在这场战争中生存下来，就必须强大，甚至是更强大。虽然一国内部某一地方的零售商依然具有战斗力，比如比荷卢经济联盟的 Bol. com，但它们的经营状况很不稳定。一旦亚马逊或阿里巴巴进入战场，上述地方企业的优势就会很快消失。尽管多年来奥托（Otto）在德国一直保持市场领先地位，但它现在已经落后于亚马逊，以 3. 8% 的市场份额位居第二，而亚马逊以 13% 份额排名第一。第三名为 Zalando，占有 1. 7% 的份额。另外，阿里巴巴比荷卢经济联盟的负责人是罗兰·帕尔默，他是荷兰历史最悠久的连锁店之一 Blokker 的前董事。

虽然品牌生产商通过开设网上商店来直接接触消费者，通过社交网络或投资旗舰店发展社交经济，但零售商也在试图使扩大自己的渠道以接触更多的消费者，例如开发自己的品牌或通过自己的平台（如 Blokker Holding 的 Nextail 和 Kijkshop Björn Serving 的 Tone）进行在线销售。对于 Tone 而言，看到实体店的困境后，它迸发雄心，希望能成为实体连锁店的欧洲在线平台。对实体店而言，商店的发展受到一定的局限，例如有限的消费者和有限的销售。对于多品牌商店来说，除非能提供特别的体验，否则在竞争中也举步维艰。不过话说回来，体验本身就是一种便利。

面对以增长而不是利润为主要发展目标的公司，如果零售商和品牌想要和它们一较高低，那么就必须进行合作。你可以一成不变地继续孤军奋战，也可以逆流而上，与一些企业合作。但是在这个赢家没有为其他参与者留下任何份额的市场中，正面对抗是没有意义的。

第 2 章

消费者的未来：人口转变

由于各种技术的发展，人类的寿命会继续延长。自 1965 年以来，欧洲低迷的出生率导致人口下降，因此，即便西欧种族呈现多样性，人口老龄化也非常严重。在出生率高的国家，战争、贫穷和气候问题突出，这些问题导致人口流动速度加快。人口比以往更加多元化，城市人口不断增加。在城市里，家庭的形式也呈现出多样性，从单亲家庭到多子女或多代同堂的大家庭。

全球化进程进一步加速，发展中国家的中产阶级正在壮大；得益于技术的发展，世界成为一个庞大的单一市场。由于信息随时随地可获取，因此一个人可以非常容易地找到志同道合之人，获得他人的建议或是发现某个商品。同时商家也一样，可以随时洞悉这一切并立刻做出回应。

在解决世界所面临的问题时，除了积极应对之外，担忧也是有增无减。消费者对此的反应在他们的行为中体现了出来，无论他们心中充满恐惧还是持乐观的态度，他们不仅对地方、有机和原创产品的需求日益增大，还要求各公司展现自身价值和理念。另外，无论是在当地市场还是在网上平台或在商品租赁服务中，商家被排除在外了。

几十年来，消费者一直注重的是品质，而如今，最好的、最高级的已经成为新标准。之前，尽管选择的范围小，但新和有所需要是必要条件。

多年前，由于一些消费者经历过战争和贫穷，因此他们的需求基本都差不多。今天，情况发生了变化，新一代人的需求不再呈现趋同状态，而是呈现多样化。另外，还可以肯定的是，西方国家的中产阶级在缓慢消失。

新标准

我们将人口划分为不同的世代，例如 Y 世代和 Z 世代，亦被称为千禧一代。这些不同世代的定义不是官方制定的，而是由市场研究人员来主导制定的，因为任何市场研究都可以依靠这种区分来定义目标群体，并制定接触他们的战略。

目前，年龄不再是真正重要的标准。人类不仅寿命越来越长，而且还越来越健康。无论人们的健康状况如何，今天的医疗保健都比以往任何时候能更好地保障人们的舒适的生活。老龄化并不意味着心态老，现在看重的是人们的生活方式，换句话说，现在看重的是人们的心态。例如，一个 50 多岁的男人，尽管他已有 20 多年的社会生活经验，但他心理上依然年轻，可能只有 30 岁而已。

H&M 的“时尚新生”系列

H&M 在其旧衣回收广告专栏中写道：每个人都可以自由决定自己是谁，是年轻人还是老年人，是男人还是女人……因此，H&M 在其宣传活动中启用了最不寻常的模特，从变性人到心态年轻的老年人。

所有年龄段的消费者，其身份比以往任何时候都更加自由，而他们的消费模式也不再受诸如年龄、性别、居住地、收入、家庭状况等传统因素的限制。新的社会变革无视这样的因素，墨守成规的传统生活方式已经消失，现在一个人可以同时经历不同阶段的生活。

家庭形式的多样化也导致消费模式的转变。例如，从共同监护权问题来看，某个星期，你还生活在一个有三个孩子的家庭之中，而下一个星期你可能就是单身汉了。或者某个星期，你还是三个十几岁孩子的父亲，而下一个星期，你可能会给婴儿换尿布了。就上述情况而言，这一周和下一周的购买行为当然是完全不同的。由于时间地点的不同，一个人可以有多种角色，这对消费模式的多样性而言至关重要。

荷兰中央统计局统计出一个很重要的数字。未满16岁且未跟父亲生活的未成年人的比例从1996年的13%上升到了2015年的18%。换句话说，荷兰目前大约有549000名这样的未成年人。

消费模式和生活方式也会因家庭或个人的变化而变化。

不但家庭结构出现了变化，消费模式和生活方式也会因家庭或个人的变化而变化。例如，一个人吃了一个星期的素食之后，决定下一周和伴侣改吃清真食品。所有年龄段的消费者，其身份比以往任何时候都更自由。这不仅意味着社会必须接受一些多变的行为，还意味着超专业化成为必要。我们正在走向利基世界。

举个例子，当超级巨星碧昂丝（Beyoncé）选择坐在轮椅上的28岁姑娘吉利安·梅尔卡多（Jillian Mercado）作为自己T恤系列的模特时，这清楚地表明了审美标准正在改变，在朝多视野、个性化的方向发展。患有肌肉萎缩症的博客作者梅尔卡多并非第一次尝试做模特，在2014年，她便被迪赛尔（Diesel）选中，与具有影响力的同龄人一起成为该品牌的模特。

单身人士在不断增加，围绕其形成的市场潜力巨大。自1990年以来，佛兰德（Flandre）独居的人数增加了50%，占现今总人口的13%。单身大龄女性的数量继续明显增长，而这些女性比男性更优秀。由于她们学习的时间更长，拥有好的职业，所以她们更挑剔，结婚也更晚。当婚姻失败时，现在的女性又比以前的女性更强大、更独立。在财务方面，她们也同样有所成就。

虽然单身女性以及女性消费者越来越多，但令人惊讶的是，专门的女性产品常由男人设计和开发。不管怎样，正如哥本哈根未来研究所的克耶德森（Kjeldsen）观察员指出的那样，我们正在朝女性经济方向发展。

代际矛盾

在快速发展的世界中，代际冲突问题也不容忽视。这种情况不利于相互理解，更不用说交流了。尽管年龄划分与消费模式之间的线性关系已不存在，但是当我们谈论各代人的生活方式时，代际分类依然是可用的指标。不过我们必须了解的是，一代人之间以及世代与世代之间都存在差异，因为每个人都在属于自己的特定时代和属于自己的特定的社会、经济和政治背景下成长。

千禧一代与前几代人的生活方式不仅截然不同，而且他们的生活方式还受到了社会制度产生的压力的影响。福利国家存在的基础是，年轻工作的一代可以为上一代提供经济支持（养老金、医疗保健支出……）。这种结构在20世纪50年代合情合理，因为当时人口年轻化，社会有着坚固的后盾来支撑经济和社会保障。

然而，人口金字塔正在开始颠倒，以老年人为顶端的塔尖日益扩大，以年轻人为基础的塔基变得薄弱。金字塔在重量的作用下需要多长时间会崩塌？

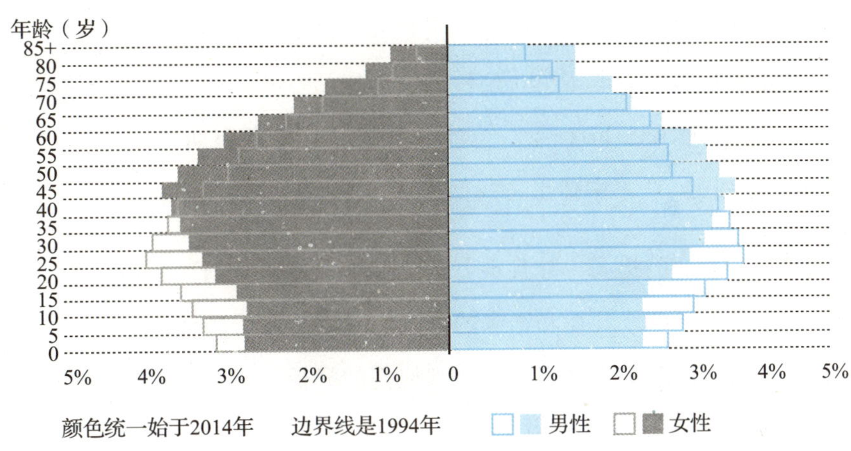

图 5　欧盟 28 国人口金字塔

西欧的平均寿命在 1950 年至 2010 年间提高了 25%。但在此期间，个人进入劳动市场的年龄却推迟了 6 年，而退休年龄则从 1950 年的 65 岁提前到了 2010 年的 59 岁。目前，这一趋势并未扭转：几乎所有西欧国家的实际退休年龄均低于官方年龄认定的 65 岁。也就是说，有很多人提早退休。

一旦退休，养老金领取者便可以自由自在地享受生活。这一切都建立在健康的基础上，然而医疗保健、医药和基本生活取得的进展允许人们活得更久。另外，养老金领取者需要用他们的储蓄来支撑享受退休生活，但是问题在于，有些人退休的时间比工作的时间还长。

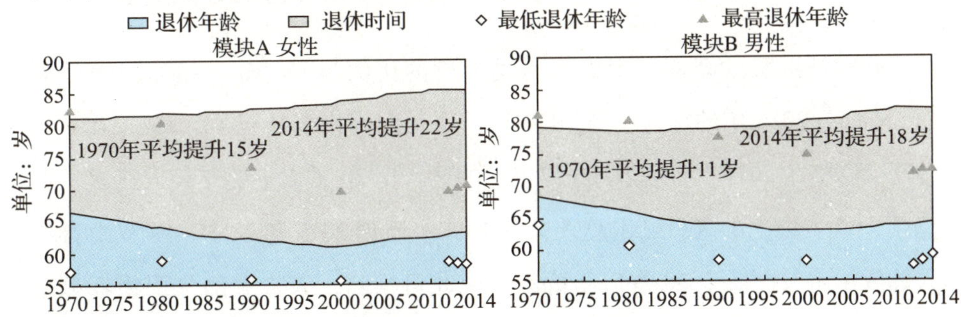

图 6　经济合作与发展组织国家退休年龄和平均年龄图表

然而对于年轻一代来说，他们不仅收入不高，而且还要支付高额的社会保险金为上一代人的养老买单。这种模式造成了一些紧张。如何为这样的社会体系提供经济保障？2016 年，经济学家范·克莱斯内斯（Van Craeynest）在其《超级大国》一书中指出，我们迫切需要转向一个新体系。

随着平均寿命的提高，并且很可能会继续提高，我们很快将在西欧首次看到五代同堂的现象。现在和未来的孩子们不仅可以看到他们的祖父母和曾祖父母，而且他们还有很大机会能看到他们的高祖父母。一个家庭由 5 岁的孩子、30 岁的父母、55 岁的祖父母、70 多岁的曾祖父母和 95 岁的高祖父母组成，这已经不再是什么新鲜事了，但以前确非如此。

若祖父母在55 岁时提前退休，这意味着唯一工作的一代要为不工作的上三代人工作。从这方面看，世界卫生组织（WHO）认为，从身体状况来看，个人完全有能力工作到75 岁，甚至是 79 岁。因此，有必要让更多的人进入劳务市场，那样的话，生活圈各不相同的三个世代将共同合作来应对挑战。

头发花白的消费者

一个 50 多岁的男人还可以再享受四五十年的生活，这样的事情发生的概率从未如此之大。从统计数字中我们看得清清楚楚，西欧的平均寿命大约每 10 年就会增加两年。寿命延长加上人口增长低迷，老年人的数量便越来越多。

在欧洲国家，50 岁以上的人占总人口的比例为 38.5%。据欧盟统计局（Eurostat）2015 年的统计，到 2030 年，这一比例将上升至 44.1%，2050 年升至 45.9%；2014 年，法国 60 岁以上的老人比 20 岁以下的年轻人还多；在荷兰，65 岁以上的人口已占总人口的 18%；而到 2019 年，18 ~49 岁中青年人的数量将首次低于 50 岁以上的人。由此可推断，未来大部分购物者都是老年人。

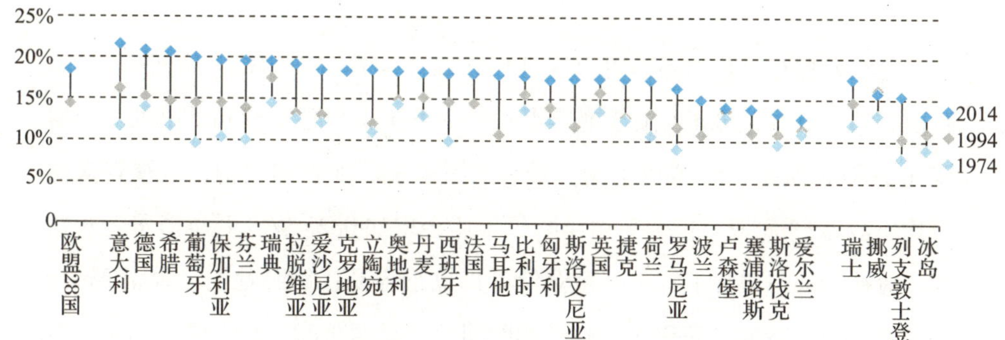

图 7　欧盟 28 国及其他国超过 65 岁的老龄人口占总人口的比例

问答咨询公司进行的老龄化研究表明，从消费额度和消费频率而言，老年人的开支模式是不同于其他人群的，他们的服务消费要高于物质消费。如今老年人不仅数量多、寿命长，而且更健康、更积极。根据波士顿咨询集团（Boston Consulting Group）的一项调查，刚退休人员通常具有年轻的心态，因为 61% 的受访者觉得自己比实际年龄小 9 岁。这些人除了看护孙辈外，还经常去旅行，而且在社交中变得越来越活跃。我们必须排除老年人已与社会脱节的想法。

德诗高（Desigual）启用 70 岁的模特

西班牙服装品牌德诗高以在其活动中展现多元化为荣。它甚至做出了惊人的选择，用 70 岁的阿利西亚·波拉斯（Alicia Borrás）做模特。优雅的女士穿着面向年轻人的牛仔裤，在“人生如梦”的广告标语下摆出各种姿势，引起了社会轰动。波拉斯本人在西班牙报纸国家报（ElPaís）上就此问题发表了自己的看法：“我这样做是因为我喜欢时尚，因为我认为变革的时机已经到来。老年人拥有知识和生活经验，而且这是一笔真正的财富。”

老年人拥有年轻的心态可以在他们在媒体消费方面的行为中了解一二。目前，50～75岁的欧洲人比其他年龄段的人群更频繁地上网和看电视。根据Econopolis的数据，50岁以上的人最喜欢看电视。如在佛兰德，电视观众的平均年龄为53.3岁，这个平均年龄每年还会增加0.25岁。老年消费者对新闻、对社会动态非常了解，而且营销人员也很容易接触到他们。根据Neuvy 2016的估计，老年人每天上网花费的时间大约是两小时。对于网上购物，老年人和年轻人之间的行为未有明显的差异。不过，老年人还是喜欢去商店购物。几乎一半的受访者表示，他们更喜欢去商店购物而不是在网上购物。不过在购买之前，他们希望先了解商品。

婴儿潮一代

年老的一代积极地为社会和经济做出贡献，即使在退休之后，他们也喜欢找些事做。在法国，数百万名退休人员有一个“看不见的”工作——他们在一些组织中当志愿者。此外，他们在就业市场上出现的频率也越来越高，近60万名法国退休人员仍在工作。在情感层面上也一样，他们仍有感情生活，结/再婚的老年人数量正在增加。

根据社会学家盖兰（Guérin）2015年的统计，法国50岁以上的消费者所占比例不低于48%。根据问答咨询公司的调查，超过50岁的人不仅经常选择昂贵的胜地去度假，而且还经常外出吃饭并点昂贵的食物。他们的大部分支出是用于食品和服务，而对于非食物产品则花费很少。他们不需要购买新东西，当需要节省资金时，就从这方面节省。

法国50岁以上的消费者所占比例不低于48%。

商家一定会选择20世纪50年代出生的人作为营销目标。出生于1946年至1964年间的“婴儿潮”一代被认为是20世纪最富有的一代，不仅因为他们是最后一批可以在60岁之前领取退休金的人（即使在比利时，这代人中的一半人也仍在工作），还因为他们见过高利率。因此，即便在经历过不同的危机之后，他们中的许多人仍旧可以积累一定的资本。

银人公司（The Silver One）咨询部的菲利普·勒美特尔（Filip Lemaître）表示：“老年人被看作是年轻人，而年轻人可以被看作是老年人。五六十岁的人通常把自己看作是幸运的三十几岁的年轻人；还有就是孩子们离开了家，他们无须管孙子，每月抵押贷款还完后账户还有点余钱。”根据目前的平均寿命水平，“婴儿潮”一代还有12～20年的时间去享受生活。

“婴儿潮”一代兄弟姐妹众多，大家可以一起出钱照顾父母，因此这方面的压力并不太大。另外，他们可能是最后一代可以从父母那里继承财产的人，当然，条件是他们的父母给他们留下了遗产。但他们的后代，千禧一代，可能不太会到公证处办理继承手续。然而发光的未必都是金子。“婴儿潮”一代虽然富裕，但是经济学家预测他们还是会面临许多经济问题，例如他们没有足够的钱来支付晚年的医疗费用，所以退休人员要好好规划以后的生活。在比利时，五分之一的养老金领取者的生活处于最低标准之下。储蓄已不能满足什么，他们被迫出售自己的东西以维持生计。据菲利普·勒美特尔估计，即便卖掉房子，这些人也很有可能走不出困境。

此外，婴儿潮一代常因目光短浅而倍受指责。我们今天所面临的气候变化、老龄化和资本主义经济停滞等问题，都是他们在辉煌时代并未预见到和经历过的问题。对于这些问题，今天却需要他们，特别是需要他们的孩子来买单。现在婴儿潮一代已不再去解决上述问题了，因为他们在完成职业生涯后便成功隐退享受生活了。

消费无障碍

对于商人来说，老年人已成为潜在客户。因此，预测这组消费群体的具体需求对他们百利而无一害。丹麦超市连锁企业内托（Netto）非常具有远见，在想方设法吸引和留住老年员工以及老年客户，其重点举措之一是制定老年人战略。超市中代表每个年龄段的员工对客户满意度和盈利都有有益的影响，因为老年客户喜欢和老年员工交流。

内托还为老人开设了三家超市，这三家超市中至少一半员工的年龄超过50岁。尽管人力成本相对较高，但旷工和病假成本明显较低，因此在开业一段时间内，这些超市的业绩与其他店铺一样好。至于顾客满意度，这三家超市明显较高。

每个人都希望能够生活在自己家里并且能够自理。然而，从长远来看，寿命变长意味着将会遭受各种不便。另外，由于各国推行众多紧缩措施，导致国家层面老年服务体系的衰落，例如没有足够的社工代替老人进行烹饪和日常购物，所以家庭配送服务（尤其是新鲜食物）受到老年人的高度赞赏，呈现上升趋势。

在荷兰，连锁超市美特好（Spar）开始为老年人提供服务。除送餐服务外，还提供多种配套服务，如干洗、洗照片、包裹递送、家庭护理和药品等，这些服务实际上是行动不便人士的唯一选择。这些服务通常由超市管理者或员工完成，由于他们经常去老人的家中，因此他们成了家庭友人。

观察员赫尔曼·康宁（Herman Konings）预测，成人尿布的销售量可能会很快赶上婴儿尿布的销售量。2012 年以来，日本已是如此。在西欧也出现了类似的情况。2016 年第一季度，安泰式（Onex，尿布制造商）的销售额仅在成人护理领域有所增长。

银色经济[1]带来的商机价值高达数十亿美元。对于那些愿意进入该市场的人来说，市场仍然具有潜力，特别是食品、服务业和制药领域。银色经济除了让更多的人可以享受高质量的护理外，带来更多的是对人的关注。获得关注的那些人是不方便去超市的人，但这种不便不仅是因为年龄原因造成的。问答咨询公司的弗兰克·奎克斯说，老龄化对非食品行业构成威胁，虽然老年人的比例在增加，但他们对非食品类产品的花费明显减少……这难道不是投资服务业的另一个原因吗？

“努力工作，尽兴娱乐”的一代

如今，刚毕业的年轻人和即将退休的婴儿潮一代之间的上班人群是营销人员、零售商和品牌生产商非常喜欢的目标群体。这些人已有家庭和事业，他们有消费能力，可以接受新的消费形式，他们的预算允许他们购买高级商品和奢侈品。

目前处于30～50岁年龄段的人属于X世代（出生于1961—1981年），在西方国家也被称为“失落的一代”。从他们的数量和消费行为来看，他们是可以与婴儿潮一代相提并论的一代。他们是重要的一代，但也是悲观和有点愤世嫉俗的一代。X世代出生和成长时的社会环境异常复杂，全球政治格局变得动荡，工作岗位慢慢流向廉价劳动力国家。

40岁和50岁的上班族很清楚，他们不能像父母那样拥有足够的资本，并且他们自己的孩子将拥有得更少。他们不仅要照顾长寿的父母，还要照顾子女，同时努力保持工作与生活的平衡。这个年龄段的人一脚踏入模拟世

[1] 银色经济是指专为老年人开发设计、生产制造商品，以及提供各种专门社会服务的市场。

界，一脚踏入网络世界，他们没有在新技术的环境下长大，只是学会了适应新技术。因此，他们不是数字原生代，他们的孩子才是数字原生代。即使X世代代表了大多数上班族，但是营销人员还是很容易忽视他们。

所以问题是要找到接触这些人的最佳方式：在线、离线还是两者兼而有之？在面对新技术产生的同时，X世代的人们找到了自己的道路。X世代享有真正的全渠道，他们不仅使用在线视频服务，而且也收看电视节目。X世代周一至周五上网读报，而周末则看纸质报纸。X世代还喜欢网上和商店相结合的购物方式。

X世代的成员找到了自己的道路。X世代是真正的全渠道人群，不仅使用在线视频服务，而且也收看电视节目。

令人惊讶的是，据营销人员介绍，四五十岁的上班族对品牌表现出一定的忠诚度。由于他们工作繁重，因此需要放松，所以他们会选择舒适性和安全性比一般商品要好的知名品牌。他们在品牌的耳濡目染中成长，并视品牌为社会地位的象征。品牌是舒适和安宁的代名词，展现了“努力工作，尽兴娱乐”的人生哲理。物质主义在这样的哲理中扮演了重要角色。

当前的年轻人是精明的消费者

辛勤工作的人应该享受自己的晚年，这一原则可以追溯到19世纪。1889年，奥托·冯·俾斯麦（Otto von Bismarck）为70岁以上的德国人推出了首个国家养老基金。但是当人们的平均寿命持续延长，接受教育时间过长而开始工作较晚，退休年龄降至59岁时，真正的问题便浮出了水面。

现在的老人比自己的父母可能多活10年或更长，因此他们需要积蓄为老年生活提供资金，这也意味着老人不会给下一代留有剩余。因此，我们看到新一代年轻人没有东西可继承。当这样的新一代消费者出现时，他们的行为和心态发生了变化。今天，年轻人称自己是精明的消费者，并更多地购买超市的自有品牌，因此像普利马克（Primark）、利德（LIDL）和塞曼（Zeeman）这样的连锁店如今发展得顺风顺水。虽然高档产品仍然很受欢迎，但是却受到了质量相当的低档产品的打压。我们过去的目标是追求高档，但现在是时候重新审视我们的目标了。

新的现实鼓励年轻人自己创业，他们在工艺与新技术的结合中发现了新机遇。博客、YouTube 和专业社群汇集了来自世界各地的用户，对这些志趣相投的用户来说，创造力和协作就是解决方案。今天的年轻人在这方面表现出众，虽然我们常常看到年轻人紧盯着屏幕不放，但是他们正在创造一个全新的经济。

像大多数年轻人一样，今天的青少年也雄心勃勃。他们创业的愿望让我们感到非常吃惊。为 Accent Jobs 公司进行的一项调查显示，多达 50% 的年轻受访者表示他们想开创自己的公司。零售商和品牌要小心了，这些年轻人很可能成为强劲的竞争对手。对于这些年轻人来说，他们会采用全渠道零售的模式，因此我们可以确定的是，他们要比一些墨守成规的老企业更快更直接地接触到目标群体。

Y 世代和 Z 世代

社会学家和人口学家将当代青年分为两大类，即 Y 世代和 Z 世代。这两个世代的人都颇具争议，因为他们是真正的第一代网民，并致力在政治和社会层面建立新的世界秩序。新千年伊始出生的青少年是在不安下长大的。这种不安来自著名的“千年虫”，来自全球性经济危机，还来自国际和地区间冲突。同时，他们也在另一个环境下长大，那里不仅有随处可用的互联网和微技术，而且世界也被网络联系在一起。

1975—1995 年出生的人被划为 Y 世代。这是第一代从小就使用手机，并在成年前就开始使用智能手机的人。这一代几乎（也不完全是）是在数字世界里长大的，他们能良好协调数字化发展、家庭和工作之间的关系。

1995—2010 出生的人被划为 Z 世代，他们是真正同时成长于数字世界和现实世界的第一代人。Z 世代不是数字原生代，而是凭本能了解数字化的一代。他们没有学会使用新的数字技术，而是生来便和数字技术打交道。他们看不到模拟世界和数字世界之间的界限，而是在两者之间轻松畅游。Z 世代认为脸书和推特已经过时，他们更喜欢 Snapchat，Instagram 和 Youtube。换句话说，图片和视频是他们最喜欢的交流手段。和 Z 世代沟通，有时一张图片便胜过千言万语。这并不是匪夷所思的事，因为他们能跟得上数字世界发展的速度。

然而，青年人也需要自我定位。他们不仅从历史中寻找定位，而且还在与自己志同道合的朋友身上以及社群中寻找定位。正如赫尔曼·托克（Herman Toch）在他的书《转变求存》一书中所阐述的那样，无论身处世界何地，趣味相投的同龄人之间总能建立起平行关系。

通过社交网络不停了解其他人生活经验的同时，年轻人也开始对落后于他人感到恐惧。他们甚至创造了一个术语来形容这种感觉：FOMO（错失恐惧）。这种恐惧会影响他们的舒适区。因此，最好给 Y 世代和 Z 世代提供一些更方便的软件，让他们能够通过社交网络进行分享。对他们来说，体验和服务优于物质。这种理念是他们生活的标准，在惬意且居无定所的生活中被淋漓尽致地表现了出来。一些自由职业者，如摄影师、博主或 Instagram 达人，他们为了完成任务而四处游走，并在这样的生活中满足了自己的需求。

为了吸引Z世代以及Y世代不太持久的注意力，快闪店和店中店（买家不断从一个环境进入到另一个环境）是理想的模式，因为完全迎合了消费者的多样化需求。

注重自我感受

对于今天的年轻人来说，接触是第二天性。他们在满世界寻找情投意合的朋友之时，也拓宽了自己的视野。如此一来，家庭和亲人便未必在他们的生活中发挥最重要的作用。朋友现在是家庭的一部分，反之亦然。这种家庭圈和朋友圈产生交集的现象，菲利普·勒美特尔（Phlip Lemaître）和艾美丽·隆博（Amélie Rombauts）称之为超级家庭。这一现象的名称和他们的著作《超级家庭》同名。

对于Y世代和略微年轻的Z世代而言，友谊弥足珍贵，所以年轻人花费大量的时间和金钱来维持这些友谊。社交消费是Y世代最重要的消费项目之一，因为有很多生活时光值得Y世代去享受，例如健康的一天、和女友的一次小型购物或在星级餐厅用餐。这些让自己放松的小享受为这一代人带来纯粹幸福的时刻，而这对于婴儿潮一代甚至X世代来说，却是罪恶的时刻。事实上，照顾自己，把自己暂时放在首位，不是自私主义，反而是健康和平衡生活的象征。Y世代寻求自我和自我实现，并且自诩比X世代更注重精神生活，他们常常参加文化活动、做做瑜伽、谈谈人生观……对于今天的年轻人来说，他们不仅仅关注心理健康，也非常重视身体健康。

但是，对超级繁忙的Y世代来说，他们享受生活的态度和他们的实际行为并不是特别协调。事实上，对于他们来说，舒适和便利是第一位的。正因如此，快餐公司Takeaway.com和Deliveroo才能开展黄金业务。如果要挑出一样Y世代缺少的东西，那就是时间了，所以对于那些没有时间去做的事情，Y世代的年轻人更愿意花钱去完成，例如清洁、熨烫、烹饪、购物、买衣服等。只要存在某种服务，Y世代便会享受它；如果没有服务，就应该迅速地发明一个！

不过我们不要忘记，今天的年轻人不仅受危机的影响，而且其储蓄账户的储蓄额还低于其父母的储蓄额。这是因为一方面他们必须多缴税来保障祖父母那代人的养老金问题，一方面他们的父母没有像他们的祖父母那样可以给子女留些遗产。许多年轻的家庭很难达到收支平衡，他们住在较小的房子里，有大笔债务要还，而且必须两个人都工作（在有伴侣的情况下）才能应付经济开支。

有些人为自己缩衣节食的生活方式而感到高兴和自豪，购买二手汽车，拼车，在当地或在线进行交换，回收并重新利用，去廉价连锁店购物，在Action超市寻找产品……对此他们丝毫不觉羞耻，反而自豪地和朋友们分享。目前，青少年很乐意穿免费或价格实惠的服装，如品牌促销服装或大型企业的广告服装。因此Zara成了这些年轻人最喜爱的品牌。

这种“去消费”源于供求市场的饱和，供求市场的饱和是由供应过剩引起的。对于西方国家的民众来说，需求已经得到了满足，一旦基本需求得到了满足，他们就会更关注自我实现而不是物质产品。当然，他们还是会对优惠的价格动心的。另外，在世界的任何地方，我们都会发现仍有一部分人尚未从这种物质繁荣中受益，对于这些人而言，消费和个人影响起着另一种作用。

对于西方国家的民众来说，需求已经得到了满足。

性别

性别，即男女之间的差异，不再因出生时的生理特征而决定，而是由 Y 世代，特别是 Z 世代的生活方式所决定。由于成为男人或女人已不再是一成不变的事，所以那些按传统标准划分性别的品牌商或零售商付出了沉重的代价。当玩具店女孩玩具货架上只提供粉红色玩具时，招来的是一些孩子的抱怨；当商家在万圣节为孩子们推出装扮服装时，我们在社交媒体上随处可见一些男孩勇敢地将自己伪装成迪士尼公主。而这些孩子的父母，著名的 Y 世代，就经常挑战传统的性别模式。

Z 世代则更极端，他们否认男女二元哲学的说法。当然，从性别认同上来讲，除了男性和女性，现在还有“无性族”“变性族”和“双性族”。在美国，有一半以上的青少年不自称自己是男性或女性，他们倾向于被视为中性。我们一般不会称他们为“他”或“她”，而是“他们”（they）。这种演变不可忽视的一面是，这些中性人群有着完全不同的购买行为。根据美国的一项调查，只有 44% 的青少年依据自己的生理性别购买男士或女式衣服。同样，接受调查的 Y 世代中有 55% 的人表示他们会这样做。

大城市里，年轻人中出现了一种将腋毛视为女权主义标志的运动。根据对美国市场的调查，16 ~ 24 岁剃腋毛的女性比例已从 2013 年的 95% 下降至如今的 77% 。至于腿部，女性让腿毛也重获存在的权利。经过 5 年研究，在 2015 年，宝洁公司很荣幸地推出了维纳斯刀片（Venus）的继任者，但这些小型的粉红色刀片即将成为过去。由于女性不再将身材管理和毛发打理作为生活必修课，所以年轻女性可以自豪地在社交网络上上传有腋毛的腋窝或有腿毛的大腿的图片。

技术将使我们活到130岁

2017年，老年医学专家梅尔（Maier）教授断言，现在出生的孩子很有可能活到104岁。虽然目前120岁被认为是人类的极限年龄，但梅尔预测到2050年，130岁将成为实际的极限年龄。

事实上，西方国家人口的平均寿命每10年都会提高大约两岁。而在新兴国家，虽然其民众的平均寿命与西方仍有较大差距，但是他们的平均寿命增长速度要比西方国家快很多。

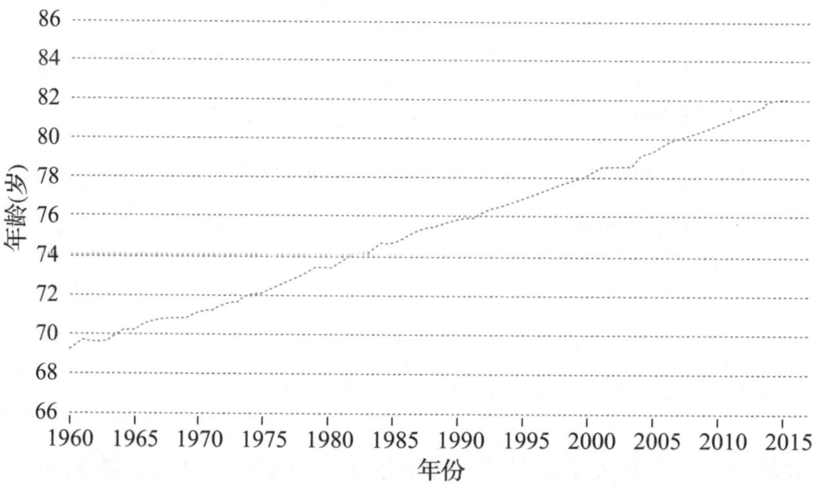

图8　欧盟国家人口平均寿命

根据一些医生和科学家的看法，摩尔定律也可以应用于医学界。技术发展到一定程度时，平均寿命将在未来几年内以同样的速度增加是不合逻辑的。就像技术领域一样，平均寿命的提高在此也会呈指数级曲线。

将身体数字化

虽然现今医学存在的目的是为了解决一些疾病问题，但如果我们采取预防措施来保护我们的身体并进行更好的保养，那么我们就可以积极地对抗老年病和慢性病。目前，智能手表可以持续测量我们的心率和血压，让我们确切地知道当天走了多少步。同样，健身跟踪器与我们的鞋连接后，便能提供与我们的身体情况相关的数据。而饮食应用可以记录我们的热量摄入和脂肪消耗量。

科技和数据帮助我们能够简单明了地了解健康状况，在未来更会如此。例如，智能传感器可以作为芯片植入我们的身体，通过连接设备便可解读芯片收集的数据，从而了解我们的身体状况。关于这个问题，梅尔谈到了身体数字化。

医生认为技术是可以帮助我们健康变老的宝贵工具，让我们活得更为长久。第四次工业革命重塑了我们的环境，也重塑了人体本身。心理年龄和实际年龄的差距越来越大，虽然消费者感觉自己年轻，但身体也必须遵循自然规律，因此我们才越来越重视遗传学。在不久的将来，治愈所有疾病也许是很正常的事，甚至在疾病发生前通过我们的 DNA 就能阻止疾病的发生。

从病人到健康消费的消费者

由于目前老龄化问题凸显、慢性病发病率不断升高，以及医疗费用不断攀升，如果我们希望医疗保健行业能够保持良好的发展趋势，那么我们就必须更加重视预防和健康问题。并非每个人在年纪增加时都可以继续保持健康，而且不争的事实是我们都在衰老。因此，了解自己的健康至关重要。在 30 岁左右，人类达到了生理高峰期，之后，如果他没有做任何事情来使身体保持良好状态，那么他的身体机能就会慢慢开始衰退。自我量化便来自于此，它鼓励个人收集并保留尽可能多的数据。

这很容易在智能设备的帮助下得以实现。如果再在此基础上增加一个有竞争力的元素——分享数据，我们就会觉得这将是很有趣的事情。想想记忆游戏和大脑游戏软件的成功，想想那些渴望在社交网络中分享自己的运动路线和成果的人。从长远来看，游戏化将带来特别的商业利益。

因此，有想法的和苛刻的消费者将在医疗保健领域掌握主控权，我们从患者演变为医疗保健消费者。另外，健康不再是医学的专属领域，食品、体育、科技和保健产品正成为它不可轻视的盟友。虽然这种现象可以引起一些正面或负面的变化，但对于零售商和生产者来说，健康市场潜力巨大。由于保健产品将会不断地被研发出来和被推出来，因此一旦涉及网上药店和其他制药公司的法律放宽了，这个领域就会提供更多的机会。

线性生活轨迹将有所改变

假设我们最多活到 70 岁，那么前 25 年我们在成长，之后 40 年则通过工作为社会做出贡献，最后剩下的时光便让我们疲惫的身体好好享受一下生活，直到生命之火熄灭为止。

高寿赋予我们一种前所未有的自由，这种自由可以让我们毫无约束地享受不同阶段的生活。

但我们很快就会意识到事实并非如此，线性的生活轨迹将有所改变。一个 65 岁退休的老人，如果他能活到百岁，那么他退休之后将会面对另一种全新的生活。社会不再对他施加任何生活压力，剩下的时间里他可以做自己想做的事情。高寿赋予我们一种前所未有的自由，这种自由可以让我们毫无约束地享受不同阶段的生活。假如我们成为百岁老人，而且在达到这个生命顶峰时仍然健康，那我们将会从根本上改变我们的生活方式。

在 40 多岁时，你已是一名成功的营销人员，与伴侣和两个孩子一起生活在一个环境优雅的街区中。你常常购买高质量的产品，在品牌直销店购买衣服，并且每年假期都会去滑雪。但此时你放弃了自己的第一段生活，中年危机（别忘了，40 岁才不过是生命的一半而已）将你儿时成为无国界医生/护士的梦想变成了现实。培训结束后，你出国了。从此，对于假期中待在一个单室套间里，并在此陪伴孩子这样的生活，你感到很满足。你购买公平贸易产品，吃有机食品或绿色食品。由于你有了新的伴侣和拥有了一份在动物接待中心担任志愿者的工作，你会发现自己作为一个 72 岁的鳏夫或寡妇是非常幸福的。

对于攻读营销专业的学生来说，这样一个漫长而现代的生活却是一场噩梦。虽然只有一个人，但是却关乎三段不同的生活。要想接触这样的消费者，一成不变的方式是行不通的。例如，对于年纪较大的消费者来说，健康和独立非常重要。另外，即使是同辈中的两个人，他们的消费行为也绝不会相同，他们的客户旅程有时也会截然相反。对于这样的人来说，需要采用不同的营销方式和沟通方法，因为根据年龄对个人进行分类营销已经是不可行的了。

我们正在向个性化营销的方向发展，但这并不意味着将人按照某一标准进行划分是过时的事情。在未来，产品和服务将根据社会上出现的不同消费类型进行设计，并最终针对这些特定消费者推出定制服务。

多元文化购物者

当我们谈论移民时，我们往往倾向于暗示他们是少数族裔。如果他们不再是少数族裔呢？的确，在一些全球化大都市中，外来人口已经占总人口的大部分。奥斯纳布吕克大学移民研究员施奈德（Schneider）说：“几乎在德国所有的城市中，一半以上的 6 岁儿童都来自移民家庭。”

在欧洲，许多大城市中的少数民族人口占大多数。根据施耐德的说法，这是一场人口革命，比第二次世界大战以来我们所经历的任何变化都有更为深远的影响。这也是一场对消费市场有强烈影响的革命。

2013 年，比利时有 300 多万人来自国外，占总人口的 27.5%。从对一些城市进行分析的结果来看，这种情况非常明显。在布鲁塞尔，有 70% 的人来自国外，亨克（Genk）有 55% 的外国居民，安特卫普（Anvers）的比例是 45 %，而根特（Gand）是 42%。就这些大城市和那些外来人口比例明显偏低的农村地区而言，它们之间人口的构成和购买行为的差异越来越大。

根据理查德·林拉巴特（Rachid Lamrabat）所著的《种族营销》（*Etnomarketing*）一书中的计算，今天，在安特卫普，9 岁以下的儿童有 71% 是混血儿或来自外国，这种情况在 10 ~ 19 岁年龄段的比例为 62%。换句话说：10 年后，65% 的非比利时血统的公民将成为主要消费者。从生育率和有第一胎宝宝的年龄来看，非本土女性与比利时本土女性的差距越来越小。

第一批真正的全球消费者

未来数十年，贫穷国家涌向发达国的移民潮依然不断，这将对发达国家的经济体系产生影响。2016 年，世界银行和国际货币基金组织声称，由于人口迁移问题，我们将迎来新的世界秩序。虽然移民的增长率在过去长期保持在 1% 左右，但自 2000 年以来，这一比例在明显地升高，并将在未来几十年持续升高。根据荷兰中央统计局的预测，自 2015 年以来，荷兰的移民潮对人口增长起到的作用大于人口自然增长起到的作用，预计这种状况将持续数年。比利时也出现了类似的情况。

外籍消费者是第一批真正的全球消费者。当我们说世界是一个地球村时，这对已成为新公民的移民者来说更是如此。例如，在欧洲，穆斯林社群具有明显的国际特征，其成员间不仅保持密切的关系，而且他们对伊斯兰品牌和产品的需求也非常大。由于政府和法律允许他们消费清真产品，因此穆斯林民众不仅可以购买到这些东西，而且还可以在社群里经常谈论这些产品。

外籍消费者是第一批真正的全球消费者。

同样，其他的移民消费者也比以往任何时候都更加需要家乡的产品，因此他们的亲朋好友会常常给他们寄送家乡产品。为了旅居海外的荷兰籍人士，特别是为了生活在亚洲，脱离了巧克力和香料蜜糖蛋糕无法生活的那些荷兰人来说，荷兰之家（Holland At Home）在中国天猫（阿里巴巴集团的一部分）上开设了荷兰特色产品主题商店。这种逆向贸易对它们来说是一个不错的机会。因为在多元文化人群中，越来越多的年轻夫妇非常忙碌，双方都在工作，所以不一定有时间或精力去专门出售家乡产品的商店和市场购物。

除了出口，还存在进口现象。例如目前在比荷卢经济联盟区，一些法国超市和便利店正在出售一些倍受非本地人口喜爱的家乡产品。如此一来，分销商和生产商便可能要面临营业额损失惨重的困局。出于这个原因，理查德·林拉巴特建议，品牌应该走国际化道路和考虑流动性强的新消费者群体。由于购物街上的人群越来越国际化，因此零售商有充分的理由做出适当的调整。

两极分化

世界正在经历一个过渡期。在此期间，原始经济在衰亡，高科技导致了失业。因此，过渡期产生了受害者。不仅自上次银行危机以来，而且自 20 世纪 80 年代后期的全球化浪潮以来，贫富差距不断加大，中产阶级正在慢慢衰落。

贫困人口由于缺乏新的机会而对社会产生不满，从而导致混乱发生，这主要表现为政治和社会动荡。不确定性导致两极分化和极端主义兴起，使得民族主义、保护主义、民粹主义盛行和竞争加剧。

上述贫困民众痛苦的形象与某些人成功的形象形成鲜明对比。后者在经济变革中获得成功，他们绝大多数来自城市，在需要脑力和创造力的高度专业化领域就职，有着相对稳定的经济来源。另外，他们的工作不会被自动化所取代。这类人被讽刺性地称为"bobos"即波西米亚资产阶级。作为消费者，波西米亚资产阶级自诩关注可持续发展和透明度，但是不断扩大的不稳定阶层则谴责他们只关注自己的世界而无视他人的痛苦。结果，双方越来越无法沟通，分极现象越来越明显。

但是，我们既不能阻止第四次工业革命的发生，又不能绕开其他的不稳定因素。不过，政治学家和社会学家通常认为，这些混乱不是变革后世界的新形象，而是经济增长带来的后果。众所周知，社会变革带来的不仅是恐惧，还有发展。

灵活就业人员

第四次工业革命对劳工市场和消费也产生了深远的影响。多亏了互联网，工作供求信息的传播变得更容易。例如，任务不仅可以外包，用人一方还可以发布信息来吸引求职者。由于自动化程度越来越高，人工部分的工作越来越多地被分配给机器并通过技术来实施。预计到2020年，自动化将取代510万个办公室职位。根据2016年世界经济论坛的估计，机器人和人工智能将会导致失业率剧增，其程度远远大于移民造成的失业率上升，以及公司迁至劳动力成本低廉国家所造成的失业率上升。

尽管如此，在执行某些任务时，人工仍然是不可替代的。对于数字平台而言，固定工作将由临时、快速、易于上手的独立职业者去完成。独立工作者当然不是一种新现象。在比利时，这种工作形式至今一直专门应用于某些行业，如自由职业、工匠和企业家。独立工作者的工作通常是辅助性地去完成被高度定义的工作或固定工作。我们正在朝着零工经济转型，即工作由短期任务组成。根据麦肯锡 2016 年的一项调查，欧洲和美国约有 1.62 亿人，即 20% ~30% 的劳动力已经以独立工作者的身份在工作了。

这一变革完全符合逐渐进入劳动力市场的 Z 世代的心态。对于今天的青少年来说，自由和具有灵活性的工作比固定和安全的工作更重要。当他们看到自己的父母在经历 2008 年全球金融危机之后，固定工作已经变得不再那么固定时，他们更愿意选择多个临时或兼职工作。

自金融危机以来，微工作已遍布全球。更令人惊讶的是，在消费者对消费者（C2C）的商业模式中，人人都可以参与“新”工作。今天，新的工作正好为低技术工人提供了机会。比如在优步平台上代驾，通过 FLAVR 平台为他人进行烹调，通过 Deliveroo 提供外送，通过爱彼迎平台接待房客。虽然低技术工人陷入就业困境，但零工经济提供了新的解决方案，新的收入形式也随之而来。

这些收入对购物行为也产生了重大影响，因为工资不再在月末的固定日期到达账户。年轻人和希望填补月底开销的老年人找到了更独立、更灵活的工作，这意味着他们的收入会有较大波动。这种现象将对他们购买什么、做什么或不做什么，以及吃什么产生直接影响。概言之，就是对消费产生了直接影响。

不稳定阶层的崛起

弹性员工制度肯定会给社会带来一些负面影响。即使在零工经济社会，也并不是每个人都享有平等的机会，因为新的平台无法避免性别、出身和信仰的歧视。自律虽是平台的基本原则之一，但一切似乎均表明，在决定为什么人提供什么样的产品或服务时，必须考虑歧视因素。

随着经济的发展，一个社会地位不高和财政不稳定的新阶层出现了。

随着经济的发展，一个社会地位不高和财政不稳定的新阶层出现了。这是一群受失业影响的人，这些人通常是手工业者和低技术工人。自动化取代了他们的工作，公司迁至廉价劳动力市场导致他们失业，对于剩余的工作岗位，他们只能通过临时雇用合同获得。在没有其他选择的情况下，这些低技术工人只能当临时工或处于失业状态。

电子商务正在成为新的雇主，甚至是一个大雇主。成千上万的工作人员每天都会前往亚马逊和 Zalando 的分销中心或其物流服务商那里去工作。但是，这大多也是临时工作或兼职工作，甚至是当日工作。工会和媒体经常因为高强度的工作和不利的工作条件而谴责这些分销中心，但这些配送中心不害怕这样的社会剥削论指责，毕竟它们为失业的人提供了工作。

社会学家把这个新的社会阶层称为“不稳定阶层”，因为他们在劳动力市场和整个社会中处于不稳定和不确定的地位。

城市和乡村、富人和穷人：一个有差异的世界

未来几十年，城市和地区之间的差异将会增加。城乡之间、富庶地区和贫困地区之间，以及老龄化显著地域和移民人口聚集地域之间日益扩大的差

距，对于零售商和品牌来说将是一个重大挑战，原因是这些地区的购物行为差异巨大。

在其2025年的计划中，阿尔伯特海津连锁店（Albert Heijin）明确承认城镇商店和农村商店之间的差异在未来将会更加明显。在城市中，阿尔伯特海津希望开设自动化和快速交易的“AH to go”自助商店；而在农村地区，它将更加关注商家和客户间的联系，并开设实体店。

这个设想基于这样一种观点，即农村人口年龄较大、人数较少，空闲时间较多。统计学家证实，因为人口增长停滞甚至下降，老年人数量不断增加，所以农村老龄化现象严重。荷兰国际集团的经济学家菲利普·勒当（Philippe Ledent）观察到，在比利时沿海地区甚至出现了超老龄化现象。该现象是由城市化进程加快所引起的。

与农村地区相比，大城市人口在大幅增加。比利时这个小国家每年都会迎来65 000名新居民，但这种增长并非平均分布在全国各地。在大城市，来自农村和国外的移民使得人口增长率高达几十个百分点。

城市人口和非城市人口的购物行为完全不同。在城市里，单身人士更喜欢从便利店购买少量的产品，而移民家庭则对家乡产品有着大量的需求。城市居民不再开车去购物，有越来越多的人选择送货上门服务和去便利店购物。

但是，人口增长并不一定意味着会带来繁荣或能够提升购买力。根据2017年荷兰国际集团对比利时的一项研究，在大城市，低收入居民、失业人员或领取基本生活补贴的人数已经高于基本线规定的人数。同样，老年人口的增加也会导致贫困的发生，因为老年人不仅收入相对较低，而且他们还要在基础设施和养老服务上花费大量开支。

面对这种情况，一些城市成功吸引了一些双方都工作的年轻家庭，使得城市日益繁荣起来。但是，老龄化城市和大城市正变得越来越穷。由于两极分化，品牌对商店的供货依据当地情况做出改变比以前显得更为重要。

新兴国家

每一年，全球都会迎接8300万新生儿。世界人口不断增长，许多新兴经济体国家的生活水平正在迅速提高，特别是东亚地区。零售的未来就在那里。新兴市场中，由于新生代对已有的事物不感兴趣，所以大量创新产品问世。这些新兴国家必须面对这种新现实，适应这种发展趋势。

例如，在中国，大部分的网上零售并非通过消费者和零售商之间的交易实现，而是通过消费者直接销售给消费者的模式以及代购模式实现。一些消费者花费空闲时间在世界各大主要城市寻找各种商品，他们不为自己买东西，而是将买到的物品直接放到阿里巴巴平台或微信上出售，这些消费者被称为代购。消费者由此也成为零售商的竞争对手。

印度、中国和韩国等国家的工业化正在加速，并逐步向服务经济发展。它们正在赶超西欧，因为在这些国家，国民生产总值的增长速度比西方快得多。事实上，西欧的市场已近饱和，经济增长也非常缓慢。在西欧，人口老龄化严重，中产阶级几乎停滞不前。在西欧城市中，新的工作者（或新移民）通常属于低收入阶层。

虽然中国是世界上人口最多的国家，但情况却完全不同。估计到2022年，有76%的城市居民（约5.5亿人）将成为中产阶级，而在2000年，这一比例只有4%。这一情况和20世纪中期欧洲及美国中产阶级出现时的情况一样，消费将会急剧上升。根据麦肯锡的估算，在中国，消费者的支出在

2015 年至 2020 年间预计会增长 55%。

在未来，食品价格可能将上涨，因为人口的持续增长对气候变化造成了影响。(到目前为止) 生活水平的提高意味着对肉类的需求也在增加，这需要更多的耕地和牧场。虽然新兴国家在大力发展农业，但气候变化要求可持续的生产方式。

在未来，食品价格可能将上涨，因为人口的持续增长也对气候变化造成了影响。

根据联合国的统计，到 2050 年，我们的地球将拥有 98 亿居民。中国和印度仍然是人口最多的国家，但目前排名第 3 的美国可能会被尼日利亚赶超。在健康和保健状况有所改善后，非洲也将会成为一个快速增长的市场。因此制定可持续发展的战略不仅是必要的，而且其实施也迫在眉睫，因为这种解决方案既能保护环境，又能弥补未来原材料短缺的问题。

新要求：透明度和可持续发展

“每天，顾客会决定第二天是否还会选择你这个零售商。因此，你必须每天关注自己的声誉。”这些明智的话来自比利时分销商巨头库勒鲁迪超市 (Colruyt) 的老板弗兰茨·库勒鲁迪 (Frans Colruyt)。库勒鲁迪知道自己在说什么。2016 年，在 Akkanto 通讯社进行的比利时 RepTrak 年度企业声誉排名中，库勒鲁迪超市斩获第一名，这是它六年来第五次获得第一名了。Akkanto 通讯社合伙人兼比利时品牌制造商协会首席执行官沃尔特·格朗 (Walter Gelens) 说：“库勒鲁迪超市不仅在透明度、领导力和可持续发展等方面满足了其目标顾客群体的需求，而且公司还通过信件的形式将这些方面的信息告知顾客。很多比利时人都会在自己的邮箱中收到来自库勒鲁迪的信件。”

现代消费者希望获得自己购买的产品的相关信息，如产品的产地是哪里，生产过程的可持续性如何，品牌在多大程度上具有名副其实的原创性等。尽管产品的价格、质量和库存等信息仍然很重要，但购物者越来越重视透明度问题。他们想知道自己在吃什么、穿着什么以及在买什么。

每个人都越来越关心身边的环境问题和自己能对此做出怎样的贡献，消费者对可持续、生态、有机和本地产品的需求正好证明了这一点。为了满足消费者这样的需求，公司只要将产品信息公开透明地告知顾客即可。若公司不这样做，它就会被认为是可疑的，除非它有足够的证据来维护自己的声誉。

透明度——社交网络时代的必要条件

社交网络时代也是消费者逐渐掌握主动权的时代，因此透明度已经不可或缺。那些忽略这个新现实的零售商很快就会败北。想想快餐巨头麦当劳吧。几年前，人们在其食品中发现了含有屠宰废料的粉红色肉渣后，它立刻成了众矢之的。此前，零售商在风暴平静之前可以采取保持沉默的做法，但在社交网络时代，这种态度会适得其反。

麦当劳为了终止舆论风暴，不得不采用一些其他的方式。例如在“我们的食物您的问题”活动中，它会将所有卡片放在餐桌上让消费者了解麦当劳的食物来源；还会发布视频，邀请客户访问麦当劳的厨房看食物的制作过程；它同时还开通了电话热线，回答顾客提出的各种问题等。这是重获消费者信心的必要条件。正如俗话所说：“信任的建立需要长久的积累，但信任的瓦解一瞬间足以。”

现在不比以往，人们有多种渠道来获取产品信息，已不会再依赖零售商提供的信息了。如今，信息传播的媒介也多种多样，例如比较价格并绘制价格走势图的应用程序，为我们提供产品来源信息和成分信息的软件，推特、脸书或各类点评网站等。另外，如今的信息传播速度是非常快的。

产品追溯软件

在超市里，你也许想知道今晚要烹饪的鱼是在哪里以及在什么时候被捕捞的，想知道刚放入购物车中的鸡蛋来自于哪个农场以及母鸡的饲养条件等相关的信息。在试衣间里，你想确保你试穿的新衣是在人道主义工作条件下制造的。所有这些信息现在都可以通过新技术而迅速获得。

荷兰最大的鱼罐头供应商 John West 已经通过三文鱼罐头或金枪鱼罐头底部的“罐头追踪器”注明了产地。对于德国食品集团麦德龙（Metro）而言，凡是在它那里购物的消费者，都可以获知产品的所有信息。例如，通过 fTrace 应用程序，7 月 25 日购买三文鱼片的顾客可以获得如下信息：这条鱼是 7 月 17 日在挪威海岸捕获的，4 天后在德国被包装。通过 fTrace 应用程序，消费者还可以了解产品配送到商店之前经过的所有路程。据麦德龙称，该应用受到业余厨师、酒店和餐馆厨师的好评。

小型企业也看到了这类应用软件的价值。Agrimarkt（荷兰农超）是有着 6 家超市的荷兰连锁店，它设计了“De Boer @ p”应用程序，允许消费者了解购买的本土产品由谁和在哪里进行生产。在扫码后，消费者可以直接获得从农民或饲养员那里发来的产品数据、照片、视频，甚至是文章。那些希望直接联系生产商的客人，可以直接联系生产商。

荷兰的一款“品牌排名”应用程序可以对国家或国际品牌的透明度进行验证。该应用应用提供的主要信息涉及可持续发展、童工和儿童权利等问题。开发该软件的公司炫耀说：“当你购物时，你可以通过该软件选择最符合可持续性发展标准的品牌。”该公司还称自己是“那些想要购买可持续和公平产品，且具有责任感的消费者的国际社区”。总之，消费者对信息的需求使得这类应用程序不断地被改进和推出。

评论的双面效应

陌生人在网上发表的评论会对消费者购物行为造成影响。电子商务的出现和社交网络的普及导致了大量网络评论的出现。OpenCompanies 的一项研究显示，92% 的消费者在购物之前会查看在线评论，其中 37% 的人每周都会查看，68% 的人表示相信他人的评论，84% 的人表示更相信朋友的评论。由于这些网络评论变得越来越重要，所以我们要考虑这些评论的真实性。

电子商务的出现和社交网络的普及导致了大量网络评论的出现。

对于点评网站、网上商店和企业网站上的评论，有几点可以说明。诸如猫途鹰、Yelp（美国最大点评网站）甚至亚马逊这样的网站，它们经常面临虚假评论的问题，这些评论可能是竞争对手的负面评论，也可能是供应商的自我吹嘘。事实上，虚假评论量比我们想象的要多得多。因为不少于 16% 的评论是虚假评论，所以 Yelp 不得不设计软件来检测和删除虚假评论。同样，著名的猫途鹰网站被迫承认其系统失败，原因是某家意大利当地报纸设法让并不存在的一家餐厅获得了网站排名第一。

消费者自然不能区分真假评论。格罗宁根大学（Groningue）2016 年进行的一项研究表明，良好的评论甚至可以导致退货率提高。这不是因为购买的产品有缺陷，而是因为它不能满足消费者的高期望。评论越好，问题就越大。这促使研究人员提出以下建议：“不仅要让消费者分享对产品满意的意见，同样也要让他分享不满意的意见。”

无论这些公司喜欢还是不喜欢评论，评论都不会消失，而且它还会影响营销。就卖出的同一产品而言，在消费者对产品进行评价后，如果某一零售商比同行竞争对手多获得一颗星好评的话，就意味着这个零售商的销量比同行竞争者高 10%。所以零售商不应自己给自己评论，而应想办法获得消费者的评论。

经济必须与生态保持一致

我们生活的这个世界面临来自各方的压力：气候变化、原材料匮乏、人口增长、消费模式变化……我们意识到需要建立一个新经济模式来确保社会、生态和经济能够可持续发展。生产者、零售商和消费者必须联合起来，以使经济和生态并行发展。

就经济和生态并行而言，大型跨国公司做得很好。2013 年，联合利华承诺在不放缓增长的情况下，在 2020 年将对生态的破坏缩减 50%。而该集团的目标远不止于此。事实上，它希望在保护生态时还能做到营业额翻番。114 家公司根据联合国制定的计划，采用严格的标准制定了气候目标。这 114 家公司共排放了 4.76 亿吨二氧化碳，相当于 125 个燃煤电厂。家乐氏（Kellogg's）、索尼（Sony）和可口可乐（Coca-Cola）也在这 114 家公司之中。

现在，有环保意识的企业将发展重心放到气候应对问题上，如降低能源消耗，采用智能运输政策，改造工业流程和实施垃圾监控等措施。此外，它们鼓励供应商参与其中，并预测饮食模式的变化和消费者行为的变化来应对气候问题。

从采购到包装

超市和公司将优先考虑可持续采购，因为这是对整个连锁店影响最大的一个方面。鱼类销售完美地证明了选择可持续采购可以获利。越来越多的超市现在只出售带有海洋管理委员会（Marine Stewardship Council）和水产养殖管理委员会（Aquaculture Stewardship Council）标签的鱼类，因为所有鱼类消费者中有 54% 的人表示愿意为获得认证的鱼类支付更多费用。根据海洋管理委员会 2016 年的数据，2015 年，带标签的鱼类和贝类的销售额比上一年增加了 30%。

在欧洲，一些连锁超市也希望提供价格真实的水果和蔬菜。这一举措来自有机食品分销商 Eosta 的子公司 Nature & More，其理由是超市出售的产品价格过低。虽然这可以让超市获利，但这意味着超市不会有环境保护开支的预算。这一措施也是想改变大众的思想：消费者必须明白，不是有机水果和蔬菜价格太贵，而是普通水果和蔬菜价格太过低廉。

食品行业并不是唯一一个在采购过程中注重生态保护的行业，DYI 行业也不例外，它也在考虑可持续消费问题。手工制作和建筑连锁店现在会采购森林管理委员会（Forest Stewardship Council）认证的木材。荷兰在这方面做出了表率，在其木材市场中，经森林管理委员会认证的木材的市场份额已达到 65%，而比利时目前只有 12%。

今天，比利时几乎所有新超市的屋顶都覆盖了太阳能电池板。一些公司的原有超市也在朝这个方向发展。仅在 2016 年，比利时的利德就投资了 350 万欧元为 20 个超市安装了太阳能电池板；另外，超市还安装了带镜子的天窗以减少电力消耗和照明费用。库勒鲁迪超市也采取了类似的做法，通过对天然丙烷制冷设备进行改造和采用二氧化碳排放量低于现有设备排放量 90% 的设备，力图将温室气体总排放量减少 10%。

这还不是全部，其实产品的包装也可对可持续发展做出同样的贡献。超市出售塑料袋的行为已经过时，库勒鲁迪超市为其客户提供可折叠的、可 100% 回收的纸箱，家乐福则提供可生物降解的面包袋。这种趋势的另一个变化是，许多商店不再提供包装或只提供简单包装，因此消费者在购物时需要自己带罐子或盒子。

购物者也追随潮流，虽然有些人是无意识的，但大多数人具有环保意识。代尔夫特理工大学的科学家丽丝·马尼尔（Lise Magnier）最近的一项研究表明，零售商也可以从购物者的这种行为中受益，因为有环保意识的消费者特别愿意为配有可持续包装的产品支付更多的费用，因为他们认为这些产品比那些没有可持续包装的同等产品更加健康和新鲜。

经济须与伦理同行

消费者在提升环保意识的同时也在关注生态伦理道德问题，其实伦理一直对当前和未来消费者的消费模式有很大的影响。

对此，生产商和零售商面临三大挑战：

- 对应食物过剩。
- 争取更好的工作条件。
- 提供更健康的产品，因为健康从未被看作是生产者、零售商和消费者的共同责任。

全球超过三分之一的粮食被丢弃。

粮食过剩 VS 世界饥荒

全球超过三分之一的粮食被丢弃，这种情况不能再持续下去了。近年来，从最初生产到最后消费这一链条中的各个环节都开始反对浪费行为。谈到食物过剩问题，超市最先被抨击。然而，对于食品浪费问题，超市所占的责任比例只占 2.5% 左右，而消费者的责任则高达 25% ~42%。

零售业已经制定了一些措施。首先，它希望通过一个有效的采购系统来预防剩余问题。这种采购系统是个计算机模型，可以估算每个商店的销售量。其次，对于那些当天或第二天可以食用的剩余食物，可以通过打折的方式被闪卖。此外，超市也会将四分之一的剩余食品提供给慈善机构。所有不再适合食用的食物，即大约近 60% 的剩余产品，将用于能源生产（沼气）、动物饲料或农业肥料。而最后剩下的最小一部分将被送入焚化炉中。

需要指出的是，上面所讲的食物只是那些最终出现在超市中的食物。其实在此之前，由于葱不够长、苹果不够圆等各种标准，大量的可食用食物被扔到垃圾中，从未被送到商店。直到最近，乐购（Tesco）和德尔海兹（Delhaize）开始试卖这类食物，并取得了成功。例如，在 2015 年夏天，德尔海兹连续 14 周在 16 家子公司中供应这种蔬菜，并卖出了不少于 60 000 箱，即挽救了 15 吨要被扔进垃圾堆的蔬菜。

即使是间接地，零售商也可以从反食物浪费的斗争中受益。INSTOC 是阿姆斯特丹的一家反浪费餐厅，它在菜单上注明了“食品浪费”几个字（这也是该餐厅的口号）。这家餐厅是由阿尔伯特海津超市的四位前员工开办的，他们每天早上会将阿尔伯特海津超市卖不掉的食物买下，这些食物就是他们餐厅提供的菜肴的食物来源。他们最新潮的举措是用无法出售的土豆酿制啤酒。

为了充分利用未被食用的大量食物，几乎每个国家现在都有一个或多个“食品共享”网站，这些网站将消费者、商人、农民和餐馆联系在一起。像 AmpleHarvest.org 这样的网站是食品银行和渴望捐赠剩余作物的家庭园丁之间的桥梁。另外，一些餐馆由于高估了自己的顾客量或遭遇大量预约取消，而不得不面临食物浪费问题。这时，餐馆预约网站将发挥积极的作用，因为它们在最后一刻成功吸引其他顾客去光顾这些餐厅。

公平和诚实

公平交易的概念最初出现在 10 年前的香蕉和咖啡贸易中，随后出现于食品业以外的其他行业。2016 年，比利时公平贸易机构前董事莉莉·德弗拉斯（Lily Deforce）在销售细节公司进行的采访中指出："2008 年危机之后，我们只谈价格。如今，零售商想要找回自己的特色，而公平贸易在此起到了重要作用。对于公平贸易，我们是从管理的角度谈论，这表明管理阶层多么重视公平贸易。我们会用数字说服管理阶层，因为这不只是感情问题。首批公平贸易产品的购买者是有小孩的年轻家庭，这对于零售商来说是一个特别有吸引力的目标群体。"

巧克力巨头费列罗已经承诺从 2020 年开始只购买认证的可可粉（UTZ 认证和雨林联盟㊀），而在 2014 年，其只有 40% 的可可粉是认证可可粉。著名的巧克力棒销售商亿滋（Mondelez）推出了一项名为"可可生命"（Cocoa Life）的整体计划，该计划致力于为种植可可的农民提供更高的净收入。当然，这要靠好的收成。零售商也插手了，家乐福和供应商签署了一份包含至少 35 项与可持续发展和社会权利有关的章程。库勒鲁迪超市已经开始与非政府组织"和平群岛"展开合作，在塞内加尔开设了一条有机且公平的香蕉生产线，而塞内加尔此前从未出口过香蕉。

在时装界，几乎所有人的目光都转向了不人道的工作条件，东南亚地区因此备受指责。自从一场致命灾难在孟加拉国造成 1200 多名受害者以来，"Schone Kleren"（洁净衣服）运动便开始强调纺织厂商和零售商的责任。这是一项成功的活动，因为代表 80 多个国家的 120 个品牌和 2 万家商店，其中

㊀ UTZ 认证是咖啡行业的一种认证，其机构是一个独立组织。雨林联盟是非营利性的国际非政府环境保护组织。

包括业界领头人 H&M、蒂则诺纺织（Inditex）以及规模较小的本土商家，它们都加入了公平服装基金会（Fair Wear Foundation）。该基金会为更好的工作条件、当地工会的权利和纺织生产国数十万纺织工人的合理工资而斗争。

除了公平的价格和更好的工作条件之外，土地争夺问题也被列入议程。非政府组织乐施会发起了这场斗争，希望百事可乐、可口可乐或联合英国食品等大型跨国公司结束共同争夺土地的策略。据乐施会介绍，这些公司赶走了当地的农民，然后在他们的土地上大量种植甘蔗和大豆。

像 Palm Risk（棕榈危机）这样的应用，正在试图告知企业、零售商和消费者棕榈油生产对原产国森林的影响。根据这一应用的设计者——世界资源研究所所讲，公司往往在不知不觉中造成森林被砍伐。2010 年，“消费品论坛”所有的 400 家成员公司承诺到 2020 年将毁林比例降至为零。时间不多了！

当地采购不仅仅是一个流行词，它是对过度全球化这一现实的回应。

从全球到地方

当地采购不仅仅是一个流行词，它是对过度全球化这一现实的回应。全球化的副作用是标准化、食品丑闻和廉价劳动力国家的大规模生产。由于地方产品将优先考虑安全和质量问题，所以消费者很青睐这类产品。小型本地企业比大型连锁企业更值得信赖的事实正解释了这一现象。

成就当地的财富，支持当地经济发展，缩短供应链，预测客户对本土产品日益增长的需求等，这些都是当地采购想要实现的目标。大型分配商早已深知这一点，因此它们的营销员不会错过任何机会地去吸引顾客进行当地采购。这些措施包括，将果农的照片印在苹果包装上，生产者向顾客发送视频信息，直接组织参观当地农场……在荷兰东部，法国化的 Lussink 家族企业已经在 Jumbo 连锁店推出了一系列名为 Ons Noaberschap（“我们的保姆”）的本土特产。当然，这位本地供应商必须在质量和数量上进行保障。

荷兰零售商阿尔伯特海津在佛兰德设店时也意识到了当地采购的重要性。自 2014 年起，阿尔伯特海津便已初步和部分比利时农民合作，前主管为此还向荷兰消费部部长进行了汇报。同年秋天，阿尔伯特海津骄傲地宣布，它已和当地的一百家生产商展开合作。

短链已经被释放，弗拉芒农业和渔业营销中心创建的网站 Rechtvanbijdeboer. be 就是证明。该营销中心对街区和地区进行了精确的划分后，在佛兰德和布鲁塞尔设置了 1450 多个销售点。2016 年进行的一项消费者研究表明，1/5 的弗拉芒人直接从农民那里购买农产品。消费者特别喜欢与生产者直接接触，也特别喜欢这些生态产品，特别是其新鲜度和诱人的价格；而农民也从中受益，享有公平的价格和额外的收入。

这也给农场带来了新的动力，何况互联网也允许它们更现代化地推销自己。例如从“不拒人的蜂巢农场”（la Ruche qui dit Oui）的例子。当邻居们从该网站下单后，便可到农民去的每周一次的集市上见面取货。这个 5 年前在法国创建的欧洲网络，今天在比利时、德国、法国、意大利、西班牙和英国有上千个集市点。

虚拟农场正在进一步推动“消费者寻找农民”的概念。像 Farmersmarket（农贸超市）这样的初创公司正在组织一个网上食品市场，让消费者从当地的种植者那里直接订购新鲜的农产品。每周，公司到不同的种植者那里取货，然后打包配送到客户家中或办公室。这个系统在美国运行得顺风顺水。但在欧洲，像德国 Rocket Internet 集团旗下的 Bonativo 公司这样的一些企业，虽对该系统进行过测试，但收效甚微。至少现在是这样。

第 3 章
技术的未来：一切均需依仗互联网

在线、离线、手机、旗舰店、品牌集合店……不论什么形式，消费者不会考虑渠道问题，因为他只关注商家能否满足他的需求。因此，不要再区分消费者接触的是什么渠道，因为现在的零售是全渠道零售。每个品牌都有许多不同的客户接触点，这是技术发展的必然结果。换句话说，现在唯一的问题是如何向顾客提供线上线下无差别的购物体验。

所有这些接触点都具有不可忽视的优势，因为它们会给商家提供丰富的信息。现代社会，数据是金。在阿尔伯特海津超市，我们已经知道消费者要购买什么，甚至比他知道自己要买什么还要早。我们已经从“普通零售”走到了“个性化零售”。通过顾客和产品发生互交时获得的信息，个性化零售可以积极主动地预测消费者的需求，它已成为高度个性化的服务。零售已成为一项服务，更确切地说，已成为一项个性化服务。

因为谷歌，一切变得皆有可能。你的智能眼镜和亚马逊购物车知道你的一切想法，如果它们会错了意，它们将通过人工智能从错误中总结经验教训。在购物时，交流变得多余，因为在不久的将来，零售商很快就能读懂你的想法。

电子商务 VS 全渠道的战斗已经开始

世界上最大的电子商务市场是中国。2016 年，中国在线销售额达 7500 亿美元，超过美国和英国的在线消费额。未来五年，中国在线销售额预计每年增长 20%，这一比例超过了西方国家应有的水平。阿里巴巴创始人马云指出，数字化将暂时损害一些人的利益。他还认为，当新的数字经济将取代旧的数字经济时，随后的 30 年社会将充满苦难和冲突。

在中国，由于在电子商务出现之前，零售类型长期比较单一，未像西方世界那样涌现大规模的百货商店、大型综合超市、购物中心等各种零售商业形式，所以这种转变发生得平稳而快速。在基础设施不完善和国家网络不发达的情况下，地方商业和小规模商业是基础，但是互联网突然让商家有机会接触全国各地的消费者。这正是阿里巴巴在淘宝上所做的——为商家提供与消费者保持联系的平台。最初，马云想创建中文互联网电话簿，这只是一个让商家和消费者相互联系的名单而已。概言之，淘宝是一种媒介，而不是商店。

刚才所描述的情况和西方完全不同。商店文化根植于欧洲文化之中，几十年来，西方许多国家的国内和国际连锁店通过开设一个比一个大的超级商店来主宰市场。电子商务则是作为“在商店里投资”的新方式出现的，它和商店最大的区别在于玻璃展柜变成了虚拟橱窗。亚马逊，Bol. com 和 Coolblue 等在线零售商最初只是管理库存、设定价格并提供产品，但这并没有持续太久。

西方国家的电子零售商的经验之谈是，网上销售并没有利润可赚。就像实体交易一样，在线利润额非常微薄。互联网和实体店一样，是个市场，在那里只有赢家才能获利，那里需要大量投资，在那里必须付出才能成为顾客心中的“顶尖品牌”。

如今，采购和物流成本，特别是大规模退货，正在损害在线零售商的利益。无论如何，为了获得利润，在线零售商被迫采取两种手段：

- 提供第三方服务，汇集中小企业。
- 从“网店”到“实体店”。

提供第三方服务，汇集中小企业

第一个提升网上零售商利益的策略是，将自己转变成一家科技公司和提供除了零售以外的其他一系列特别的辅助服务。这种服务不仅利润高，而且允许其他公司参与其中。

亚马逊实际通过提供第三方服务（亚马逊服务）获得了几乎全部的利润。

亚马逊实际通过提供第三方服务（亚马逊服务）获得了几乎全部的利润，例如云服务、允许商家和品牌在平台销售他们产品的商业空间。对于每一次在 Marketplace 平台上的交易，亚马逊都会收取一次佣金。亚马逊的好处是显而易见的：没有库存，也没有运输或退货成本，但是有固定的收入来源。今天，亚马逊 Marketplace 的销售量占亚马逊总销售量的一半，而它的发展速度也比直接销售的发展速度快 1 倍。

因此，也难怪其他电子零售商正在利用这一优势，积极开发第三方服务。Bol. com 的 Bol. com Plaza 目前拥有约 16 000 名合作卖家，其营销量占 Bol. com 所有营销量的 1/3 左右。该公司的目标是希望吸引大型连锁店以及小型本地商家到 Bol. com Plaza 上开店，将营销量的比例提高到 50%。依据它们的营销策略，消费者可以在 Bol. com 网站上看实时库存，然后他们可以自由选择是去商店购买或是在线订购。

Zalando 也希望成为欧洲平台经济的先驱，为了广泛宣传此目标，它还组织了名为“Visions by Zalando”的会议。该会议是第一个关注欧洲数字平台的会议。Zalando 希望通过此会议展示平台对未来的意义及其可为企业带来的好处，并提高欧洲平台经济的知名度。Zalando 沟通主管莫妮卡·弗朗茨（Monica Franz）声称，自 2015 年起，Zalando 便确定了自己战略——Zalando City，即将时尚界所有商家联系在一起。

Zalando 正在积极笼络愿意参与其中的初创企业和小型企业。为了让实体零售商感到方便并为他们提供全方位的服务，公司还推出了综合商务项目。例如在柏林，实体店可以通过 Zalando 平台在一天内将产品配送给顾客。当然，条件是 Zalando 必须全面了解参与商店的实时库存和各种商品。

“网店”到“实体店”

提升在线零售商盈利能力的第二个战略是转向离线，越来越多的网上零售商开始开设实体店。在比荷卢经济联盟区，Coolblue 是第一个承认可以从线上和线下的结合商务中受益的商家。电子产品零售商选择了全渠道零售模式，将旗舰店作为售后服务点、销售点和体验点，并以此获得顾客的信任。

Coolblue 的创始人彼得·茨瓦尔特（Pieter Zwart）公开声明实体店可以让网上销售量明显增加。这是为什么呢？因为这种组合赋予了零售商更多的知名度并创造了信任氛围。茨瓦尔特笑称这一方针为“一目了然”，因为消费者知道在自己遇到问题时可以去找谁解决，或者最糟糕的情况是，消费者能够有地方发泄自己的不满。

网络销售目前遇到的最重要的问题是信任问题，但实体店却没有此烦恼，总是能给顾客提供安慰和亲切的服务。虽然二手电子产品的在线销售声誉不良，但实体商店可为公司挽回损失。实体商店不仅容易到店，而且顾客还可以在那里进行咨询、下单和自提货物。即便只有一部分产品是到店自提的或直接拿到商店退货，网络零售商也节约了相当可观的成本。顺便说一下，实体商店也是消费者可以测试商品的地方，因此苹果实施了双增长策略，其二手产品不仅在网上销售，也在荷兰、比利时和德国的实体店销售。

实体店主要是一个招牌而已。当 Zalando 宣布计划在主要城市开设旗舰店时，它不过是将这些店视为一种营销工具——接近消费者以获得更多的知名度。Zalando 紧随时尚界大品牌的脚步，除了利用昂贵的广告进行宣传外，还在大型购物街的黄金地段开设一个店面。但一切投资都是值得的。实体店也是给顾客提供体验的最佳之地，在实体店中，店主可以更好地营造气氛。另外，与数字技术相结合，实体店不仅形成了一个闭环，还可以创造技术和感官混为一体的完整体验。

在全渠道环境中，实体店不必提供太多的货物或留有大量库存，简而精便足以。这意味着你要了解消费者想要购买什么？了解消费者想在现场看、触摸或测试的是什么？你想给顾客展示的是什么？你是否能给顾客留下印象或刺激他的购物神经？作为商家，你可以自由而有效地创建线上销售与线下销售之间的各种结合。

为了创建真正的客户之旅和不间断购买，全面的客户体验至关重要。

全渠道是无所不在的同义词

全渠道不仅仅是将线上销售和线下销售结合在一起。为了创建真正的客户之旅和一体化无缝式购物体验，全面的客户体验至关重要。为此，我们可以从中国市场吸取经验。在中国，主要的互联网平台上包含了各类的新闻网站、游戏、视频和电子商务，人们通过一个应用程序和网站便可聊天、观看视频、购物和付款。在这些平台上，消费者可以直接购买视频，而且直接点击购买（一次性下单 + 支付）的消费模式早已深入人心。平台上提供的商品能够吸引移动用户并非偶然，因为中国四分之三的购物都是网购。这是一个具有代表性的数字，因为中国第一代网民毫不犹豫地接受了电子商务。

我们在亚洲和非洲的其他地区也观察到了同样的趋势，消费者偏好全渠道和移动科技。就西方国家而言，由于新生代出生时就没见过线下购物，因此他们将线上购物视为理所当然的事情。不要忘记，由于虚拟现实和增强现实，新的空间出现了。在零售和快消品行业，全新的混合现实也成了不争的事实。

完整的商业生态系统

在平台上，凡是能满足消费者需求的人都有可能赚到第一桶金。在中国，腾讯和阿里巴巴正在为获得这桶金而展开激烈竞争。这两个平台已经发展成为允许消费者了解多媒体、聊天、购物和销售的“一体化”应用程序。中国消费者很少访问公司或品牌的网站，他们都从诸如淘宝（阿里巴巴）这样的商业空间或微信（腾讯）这样的社交网络那里获取信息和购物。

在上海，年轻的中国人可以通过微信做所有的事情，预订出租车、购买地铁票、订外卖或向朋友转钱。在美国也差不多，55% 的消费者在寻找产品时直接进入亚马逊网站，亚马逊已经成为所有产品的头号搜索引擎。

正是为了应对这种趋势，谷歌推出了谷歌购物。脸书也做了同样的事情：一方面，脸书希望消费者通过脸书进行购物而无须离开脸书界面前往其他网站购物；另一方面，脸书将自己定位为新闻渠道。对于那些投入大量时间和金钱建设自己网站的品牌和零售商来说，这是一个坏消息，因为只有15%的美国人直接访问零售商或品牌的网站。

腾讯和阿里巴巴取得的成就是每个人都想做到的，即创建一个如此之大的商业生态系统，而且这个系统的每个环节都可以追踪到消费者的踪迹。消费者可以出现在商业生态系统的各个环节（购物、娱乐、付款），在此期间，所有数据都保存在个人身份证件中（电子身份），这是一个可以在阿里巴巴所有的网站和应用上使用的用户名。这个账户就像谷歌账户一样，只不过这是从零售的角度来看而已！

如此，阿里巴巴建立了每月用户量超过5亿人次的数据库，并在此基础上按照不同的特性划分了8000个种类。这样，阿里巴巴平台上的供应商就可以开展有针对性的市场细分和营销活动。与西方国家的零售商相比，阿里巴巴所掌握的丰富信息可以使个性化程度达到更高水平。

为了在阿里巴巴的平台之外另开辟渠道并提高知名度，中国品牌和连锁店已经找到了一个令人惊讶的解决方案——开设实体店。这个选择似乎是一个理想的方法。

这也是一种特别的方法，因为在互联网出现之前，非常流行的中国品牌和零售商并不存在，因此也从未有过实体店，所以对他们来说，从网店到实体店是一场大革命。特别是在城市中，非常流行品牌的旗舰店是为中国中产阶级直接提供服务的一种渠道，后者好奇且渴望购买。在第一次出现零售业的地方——西方世界，这样的历史也会重演，现在就涌现出了许多实体店。

结合虚拟现实和增强现实的第三空间

虚拟现实往往被看作是科幻小说。但近年来，它成为零售商的重要武器，因为零售商愿意为此进行投资，以便为顾客提供独特的体验。顾客为了享受这种体验，只需要两件东西：虚拟现实专用眼镜和舒适的座椅。

虚拟现实技术可以让你完全脱离自身所处的视觉环境，因为眼镜在记录你头部的每一个动作时也封闭了你对外界的视觉。你想不想不必驾驶1000公里就能看到法国南部的风光？基于科技，这完全有可能。无须离开椅子，你的视野便可从一个空间移动到另一个空间。

时尚界也采用了虚拟空间这个概念。在汤米·希尔费格（Tommy Hilfiger）的纽约旗舰店里，你可以使用虚拟技术观看该品牌的最新时装秀。独特、神奇的体验对消费者来说很重要。虚拟现实使得零售商可以真实地展示其品牌所创造的世界。

品牌在吸引顾客的时候会开发一些技术应用，这些应用将现实和虚构巧妙地结合在一起，从而让顾客更加愉快、方便地购物。这就是几年前推出的一种名为“增强现实”的概念。

虚拟现实是完全虚幻的世界，而增强现实则不同。对于增强现实而言，现实世界总是存在的，只是计算机增加了一个附加层和一个虚拟维度。另外，增强现实允许消费者与现实互动。被动观众不再存在，通过增强现实，消费者成为参与者。

具体而言，你只需用智能手机或平板电脑扫描产品，然后就会在屏幕上看到一条消息，这个信息通常以二维码的形式出现。但是，增强现实刚出现时并非一帆风顺，因为智能手机还未像目前那样普及。你必须通过网络摄像头将虚拟画面添加到现实画面中，这样一来，增强现实就不是一件太有趣的新事物了。由于增强现实的使用受到许多限制，所以谷歌也无法取得商业上的突破。当一个技术被认为是不切实际时，消费者就会不接受它。

然而，增强现实技术在商业应用中有着巨大的潜力。英国连锁超市乐购便提供了一个完美的例子。乐购有一个巧妙的想法，即在一个通常不可能建立商业空间的地方建立虚拟商店，具体而言就是在一些地铁站走廊上几平方米墙面上建立虚拟商店。

乐购认为目标群体在乘坐地铁这件事上花费了相当长的时间而没有时间安静地购物，这促使它将照明广告牌做成虚拟商店。消费者可以在等待地铁时，通过扫描二维码快速地将商品加入虚拟购物车，剩下的事情便是选择晚上送货到家的时间。

精灵宝可梦 GO（Pokémon Go）救活第三空间

到目前为止，最流行和最普遍的增强现实应用程序可能是著名的手机游戏——精灵宝可梦 GO。该游戏允许用户通过 GPS 信号和智能手机镜头在现实世界中抓捕屏幕上出现的神奇宝贝。

在发布几周后，我们发现该应用除了是一款有趣的游戏之外，还可以让精明的零售商从中获益。只需几欧元的投资，零售商就可以让神奇宝贝在自己的商店里出现，以便吸引更多的客人。为了将公众吸引到安特卫普 Kammenstraat 购物街，专业组织 Unizo 于 2016 年 7 月组织了一场神奇宝贝搜索活动。几千名粉丝立刻就聚集到了这条狭窄的小商业街上，警方对此不得不进行干预，以恢复秩序并暂时管制当地的交通。

对于很多人来说，对于零售业来说也是如此，这款游戏是与增强现实的第一次接触。狂热的神奇宝贝游戏第一次清楚地表明，新技术创造了一个既不是实体店也不是在线商店的第三商业空间。在第三空间中，消费者可以在希望的时间和地点，在虚拟现实或增强现实的环境中购物。

在可自由支配的时间变得越来越少的世界里，乐购这一举措达到了目的。对乐购而言，最重要的不是基于营业额和营销目标制定战略，而是基于消费者及其需求制定目标。

大数据下的个性化零售

数据是零售 4.0 的重要基础。科技公司知道这样一个事实，即了解和识别消费者，并通过网上或实体店给消费者提供个性化的服务是有利而无害的。互联网运营商的商业模式是全渠道模式，数据搜集、分析和销售是这一商业模式运行的纽带。

2015 年，谷歌首席经济学家哈尔·瓦里安表示，信息交易主要适用于四个重要且有利可图的领域：

- 数据收集和分析。
- 智能合同。
- 个性化和顾客化营销。
- 永久体验。

我们正在向个性化互联网和个性化零售过渡。

上述四方面是在线零售商目前所做的事情，很明显，零售行业拥有数量非常庞大的数据。我们正在向个性化互联网和个性化零售过渡。

通过互联网数据提供合适的服务

马丁和托克梅兹在 2016 年写道：“监控是互联网商业模式必不可少的武器。”谷歌、脸书、亚马逊、Zalando 和其他平台正在搜集用户的个人数据。这些网站对客户越了解，就越能有针对性地为顾客提供相关信息，无论是以直接的方式还是间接的方式。

依据数据向每位用户和员工提供准确的产品时，这些数据可以直接地改善客户体验。Zalando 或 Bol. com 的主页一上来就让人感到非常个性化，因为它们为用户提供了合适的促销活动。尽管目前还不太可能通过这种技术为每位用户提供个性化服务，但是基于 360°全方位客户配置文件的微分类信息已经存在。

360°客户资料的数据包括：

- 人口统计。
- 客户的会员卡信息。
- 购买的产品。
- 购物时间。
- 谷歌分析（Google Analytics）。
- 社交网络数据。
- 电子邮件的点击路径。
- 谷歌广告关键字（Google Adwords）。
- 应用程序的动态行为。
- 对话系统的信息。
- 与客服接触的信息。
- 连接设备数据。

通过全渠道，能做的事更多。实体零售商不仅可以通过会员卡分析客户的购物数据，还可以通过 Wi-Fi 和必肯（beacon）追踪来店里的购物者。这些传感器能够了解客户去了哪家店，还能提供顾客和店员接触的数据。所有上述信息可以让商家预测顾客的行为，从而提高销售额。

对于售后也一样，大数据可以用来改善服务或服务条件。这将是个颇具商业潜力的领域，特别是对于服务提供商来说。谷歌的瓦里安提到了“通过更好地了解客户以便产生新形式的合同”，这便是他想要做的事情。当保险公司发现购买人寿保险的投保人生活方式很健康或不健康时，它们便可以自动增加或减少保费。或者，当顾客对某些饮食过敏时，餐饮订购系统能够自行删除含有过敏源的食品。将来，这种灵活性可以被整合到合同中，这就是“智能合同”。

数学家威姆·凡罗斯（Wim Vanroose）将智能机器和“区块链”技术相连。你可以从网上的一家能源商业公司订购一台智能洗衣机，之后洗衣机会根据记录的能量消耗量来联系能源供应商，并以最优惠的价格与其签订合同。这些智能合同还会被保存在区块链中。

大家都知道，即使我们没有完全打开脸书，脸书也会跟踪我们所有的活动。脸书将这些信息出售给广告商，以便他们可以向消费者提供合适的广告。同样，谷歌允许广告商使用消费者的搜索和浏览历史记录来推出个性化广告。这在行话中被称为用户行为定位。

通过 Cookies（保存在客户端的文件），在线零售商的网站和平台可以立刻识别我们，并向我们发送个性化广告。其实在这一切的背后，是一个实时拍卖的过程，支付最多的商家可以利用我们的虚拟身份来制作它的个性化广告，并推送给我们。因此，坐在你旁边看电脑的人可能会看到一个依据他的数据制作的广告。因此，在上网时，一个广告可以全程跟着用户。

产品在订购之前已运送到你家中

早在 2012 年，亚马逊就申请了“预先出货”的专利。预先出货允许在消费者订购产品之前便进行产品配送。通过分析数据，亚马逊可以预测消费者的需求，换句话说，在消费者知道自己想要什么之前，亚马逊就知道了他想要什么。归功于预测分析，一切皆有可能。通过对实体店或网店的顾客的行为进行分析，数据分析师可以在顾客结账前知道他将购买什么。亚马逊会将这些产品（公司假定消费者订购的产品）从配送中心转移到当地配送点（离可能订购的客户更近的地方），希望在顾客实际按下“购买”按钮一小时后（或更短）便能够及时收到包裹。

当然，这只是亚马逊谨慎先行的第一步。不过只要该系统还在运行，亚马逊就会提供在实际购买之前便配送到家的服务。如果公司弄错了怎么办？市场营销学教授斯科特·加洛韦（Scott Galloway）称，亚马逊会在包装上附一个空盒子，买家可以将不想要的物品放到空盒子里退回。因此，退货是购物过程不可或缺的一部分。亚马逊还允许将配送错误的包裹当礼物留给客户。亚马逊深信其数据分析的准确性，总之即使客户没有订购商品，配送的包裹中也至少有一件是符合客户需求的东西。还有，将包裹留给客户造成的成本损失可能小于退货造成的成本损失。

这是一个很好的营销策略不是吗？但消费者真的觉得它有趣吗？事实上，对于消费者来说，企业能够了解到自己的想法是非常可怕的事情。位于英国的一家塔吉特（Target）折扣连锁店因为向一位少女寄送婴儿用品优惠券而引起了媒体风暴。事实上，塔吉特测试了一个系统，该系统通过大约25个“揭示性”购买历史记录来估计哪些女客户是孕妇。例如，顾客如果突然购买大量润肤露和维生素补充剂，她就很有可能是怀孕了。

上述事件发生后，这位女孩的父亲怒火中烧，对塔吉特的这种行为愤怒不已。不过最后，这位父亲还是向塔吉特道了歉，因为商店是对的，商店似乎比自己更了解女儿。这也许是个巧合，但这表明了我们在向个性化零售演变。即使我们今天尚未走得更远，但是透过技术成熟度曲线，我们看到大数据不仅仅应用于时尚行业。在这种背景下，就需要重新审视塔吉特折扣店的故事。

在接下来的10年里，我们将通过数据化运营来改善采购、物流和预测等流程。莱顿大学高级计算机科学教授库·努伊滕（Koos Nuijten）认为，从长远来看，数据可以提供个性化的预测和个性化的产品，创建生命周期营销（营销由于消费者需求变化而造成的商品由盛转衰的周期）。另外，努伊滕还认为在最初阶段，数据化只能为新的商业模式或调整过的商业模式带来更高效的流程；至于其他的方面，努伊滕认为暂时不会有所改变。

数据预测能力实际上已经在一些公司内部得到了充分利用。例如，阿尔伯特海津连锁店利用消费者的数据来自动补充商店库存。阿尔伯特海津的集成补货流程持续跟踪顾客的购买行为，预测消费者明天将在商店里购买哪些产品，并确保第二天的货架上能有这些产品。

个人影响力

从“比顾客更了解顾客的需求”到“鼓励顾客购买商家想要卖的产品”的转变对市场营销意义重大，不过这比想象的要复杂。当顾客自己都不确定自己会买东西时，你要怎么让他意识到自己有他需要的产品，并且确保顾客会从自己这里购买呢？

我们在向个性化互联网和个性化零售时代过渡。

说服客户进入全渠道世界才能有个性化营销可言。虽然说服消费者进行购买的技巧无数，但是最著名的技巧是权威推荐（如某专家推荐）和创造短缺（“最后机会，清仓甩卖”）。不过请注意，到目前为止，这些技术在实体店中比在线上更有效。

在网上商店浏览的人最后只有 5% 会购物，而实体店的比例却是 25% 。据莫里斯・卡普顿（Maurits Kaptein）2015 年的一项研究，这种现象是由几个原因造成的。最重要的一个原因在于网店的销售策略千篇一律，无法采用合适的销售技巧，因为这种技巧对于消费者来说是因人而异的。例如，消费者非常赞同著名营养师 Y 提出的藜麦比大米更有营养的说法，但另一个消费者会因为自己的朋友选择藜麦而选择藜麦。

卡普顿本人在一家网店做了个测试，并通过浏览记录的数据对顾客进行了分析。这些数据包括，顾客是否从亚马逊上购买推荐的图书？他们是否经常在缤客（Booking. com）上预订最后的房间？等等。在根据顾客的个人资料自动进行调整之后，网店的销售额平均增长了 20% 以上。

化妆品品牌 RITUALS 的网店也测试了不同的销售策略，并记录了用户对策略的反应程度。在这些反应的基础上，该公司可以向潜在顾客提出合适的建议，同时还会获得顾客新的浏览数据并加以分析。这种 A / B 形式的测试无疑就是将大数据运用在营销领域罢了，在网店上比在实体店中容易进行得多。这种消费者对不同参数的反应测试也是 Valian 谈到的“永久测试”，其实就是数据应用。

大数据倡导者看到了个性化购物的好处，因为消费者不仅无须将时间浪费在自己不感兴趣的事情上，而且还可自动获得相关的体验。大数据的反对者认为，除了隐私问题之外，个性化购物会让消费者过于封闭，因为消费者只看自己了解和感兴趣的东西，而不会关注其他事物。

观察者赫尔曼・康宁（Herman Konings）用“意外事件”一词来描述解决上述问题的方法。所谓的意外事件是指，某种全新的、意想不到的东西会让人感到惊讶，某种未知的东西会让人感到兴奋和着迷。因此，那些擅长个性化和量身定制的实体店，在未来不得不加入一些惊喜元素。

动态定价：始终是最优惠的价格

机票价格随着航班搜索频率的提高而增加，这是经常出差的人基本都会遇到的情况。根据价格弹性原则，航空公司成为第一批采用动态定价的公司。

最初，这是由供求关系决定，比如旺季的酒店房间价格上涨或者优步高峰时段奖励措施等。如今，基于竞争价格进行调整已经成为零售行业中许多折扣商店的标准。比利时的库勒鲁迪通过这种技术建立了自己的动态价格模式，如果其他商店的某一商品比库勒鲁迪的价格低，库勒鲁迪就会立即调整价格。另外，根据地方竞争原则，库勒鲁迪商品的价格也会因地区的不同而有所差异。

得益于大数据，动态定价可以应用于个人身上，形成个性化定价。价格可以根据消费者所属群体的不同而有所不同。例如在分析消费者是住在富人区还是一般地区，使用高档电脑还是低档电脑上网，在品牌店购物还是在一般商店购物等信息之后，公司便可以提供有差别的价格。易捷航空在其网站上宣布，它不使用消费者搜索记录来确定价格，这暗示着它的竞争对手和合作伙伴都在利用消费者的信息制订价格。

很快，实体店也会采用动态定价。源讯（Atos）全球零售市场副总裁雅尼克·勒梅勒（Annick Lemaylleux）表示："法国大多数超市和大卖场都已使用电子价格标签。目前，这种技术已经可以将价格调整为竞争对手的价格，但将来这种技术可能会提供个性化价格。例如，产品标签可以连接你的移动手机设备，到时手机便会显示一个符合你心理价位的价格或产品。"一项研究表明，在 5 年内，超市的固定价格将成为历史。

动态定价也有其正当原因：为了减少浪费。例如 Wasteless. Co 采用电子价格标签和动态价格相结合的方式进行计价。当产品接近保质期时，价格便会自动下降——产品离保质期越近，价格越低。

那些认为自己有责任解决社会问题的公司，希望通过价格差异来解决社会不平等问题，并为此进行了大量的投资。例如在洛杉矶市郊，Everytable 连锁餐馆中的一家餐厅提供的沙拉的价格相当于市中心分店同等沙拉价格的一半。对此，斯特凡·凡蒂斯（Steffan Vandist）在 2017 年 Eneco 趋势报告中表示，通过价格划分，这家提供午餐套餐的特许经营商希望承认和消除不平等现象。

共同支付（支付你想付的部分）是另一种让顾客自己决定花多少钱的方法。这是一个用来测试购买意愿并增加品牌知名度的有趣方法。

三巨头眼观六路，耳听八方

谁拥有的数据最多，谁就最强。所以亚马逊、谷歌 Alphabet 控股公司和苹果是当前市场上的领头企业并非是巧合的事。它们是三家最大的数据收集公司，所以它们掌握了越来越多的权力。例如，谷歌可能在美国隐私卫士电子隐私信息中心（EPIC）提出的投诉中就能知道我们购买了什么。我们的购物不仅会被谷歌跟踪，而且谷歌还会将这些交易中的数十亿条数据与网民的个人数据相结合。

三巨头巩固了他们在市场上的地位，想要避开它们几乎是一项不可能完成的任务，因为它们不仅赢得了消费者的忠诚度，而且它们的网上销售量也非他人能及。当亚马逊推出 Kindle 电子阅读器时，亚马逊表示希望朝闭环系统方向发展，即朝着开发一个任何人都可以做所有事情并购买所有东西的平台方向发展。概言之，一网打尽。这也是杰夫·贝佐斯个人传记的书名。

三巨头获得的数据不仅可以供自己使用，还可以卖给那些愿意花大价钱获得数据的人。商业生态系统越大，广告收入就越高。目前，亚马逊网站上不仅有专业广告公司，而且还开发了自己的媒体部门——亚马逊媒体集团。现在在亚马逊上进行产品搜索，获得的信息内容越来越丰富，例如配方和产品详情等。

美国饮料行业电子商务发展总监约翰·丹尼和亚马逊广告商白·布朗说："亚马逊以及亚马逊用户群对你的产品进行评级和评估的方式，对你的品牌的未来发展会产生巨大的影响。"另外他们还认为："如果你是亚马逊上的赢家，那么你就是赢家。而这就是营销人员需要密切关注的世界。"

来自线下的信息也越来越重要，智能设备比我们想象的要更了解用户。这就是为什么亚马逊要参照苹果和谷歌，投资能让消费者生活简单化的原因之一。目前，苹果和谷歌已经分别研发出了 Siri 和智能恒温器，随后脸书（一个视频会议应用程序）和阿里巴巴（天猫精灵）将会展现它们的杰作。

将来，你的真空吸尘器能很快将信息发送给亚马逊。

在未来，你的真空吸尘器能很快将信息发送给亚马逊。iRobot 公司发明了 Roomba 机器人吸尘器，其首席执行官科林·安格尔（Colin Angle）揭示了蓝图。由于机器人可以绘制一张地图来定义其清扫路线，所以 iRobot 公司打算将机器人获得的数据卖给亚马逊、谷歌 Alphabet 控股公司或苹果这样的技术巨头。目前，该吸尘器已经与亚马逊 Alexa 和谷歌语音助手（Assistant）这两个设备兼容。

安格尔说："当智能家庭有一张数据丰富的地图且用户同意分享该地图的时候，该家庭便可创建一个完整的产品和服务商业生态系统。"不过，安格尔随后纠正说："目前还没有具体计划，只是设想。"

当亚马逊或苹果有每个家庭内部的详细地图时，它们便会确切地知道一个人的生活方式，并提出个性化的建议。例如，如果亚马逊或苹果公司知道某个沙发的尺寸与客厅的空间大小完全吻合，它就会向用户提出购买沙发的建议；或者当它得知用户的东西乱七八糟地摆放在一边时，就会建议用户多买一个衣柜。从长远来看，网上销售巨头将知道关于消费者的一切。

然而，问题在于三巨头是否需要吸尘器才能做到这一点。事实上，他们通过智能设备便可对家庭内外发生的事情了如指掌。今天对服务舒适性的满足似乎胜过了用户的隐私，因此，本土品牌和零售商因面临着信息和知识的不平等问题而缺少话语权。为了具有竞争力，他们应从面对面接触顾客、信任度和专业化等这些巨头的软肋处下手。

物联网

通过传感器使得物物相连的互联网就是物联网。物联网技术被广泛应用，它不仅可以用来记录顾客在商店或超市的购物行为，还可以应用于货物追溯系统；另外，它不仅可以应用于处理仓库订单的机器人系统，还可以应用于顾客识别系统。高德纳公司（Gartner）估计2017年全球销售了约84亿个互联设备（不包括个人电脑、平板电脑和手机），这一数字在短期内将超过200亿。

其中的大部分设备用于物流程序或提高购物体验。但是一些完全独立的传感器也因能够提供数据而提升了自己的附加价值，这种数据可以是某一指定地点的流动人数，也可以是含有NFC芯片的标签所提供的数据。欧洲纳米电子学和数字技术研究中心设计了一款既便宜又好的原型，只要将该原型集成到产品包装中，便可以了解产品的配送路径和完好性信息了。

量身定做的胸罩

传感器不仅可以显著改善销售结果，还可以改善客户体验。女士们，你们要注意了！荷兰品牌 Lincherie 测试了一款智能镜子，可以猜出你所需胸罩的完美尺寸。该镜子由内衣制造商 Van de Velde 设计，可以测量上半身的 140 项数据。女士进入试衣间，无须卷尺测量，只要进行数字扫描后，便可根据获得的数据得到理想尺寸。剩下的工作交给设计师就好了。

自定义在线商店将利用扫描获得的数据为你提供尺码合适的胸罩。由于采用这种方法，商店不再需要大量的库存商品。顾客可以在商店内查看样品，并在线、在店内或在其他地方进行订购。Van de Velde 欧洲零售经理安娜丽丝·贝克曼（Annelies Braeckman）说“我们在这里接触的是全新的目标群体。年轻人通常不愿意进入内衣店，但完全愿意在线购买，因此我们可以为她们提供一种全新的数字化购物体验。”

来自接触点的所有数据都是公司的信息，它们会告诉我们产品是何时何地卖出的以及卖出的数量。这些数据可以让公司准确评估特定活动，检测欺诈行为，确定理想的标准价格，甚至预测大批量销售的时间。所有这些信息都是公共大数据分母的一部分。如果实时分析这些信息，便可为客户提供更加个性化的服务，例如改进搜索功能或依据以前的购物经历提供合适的建议。

一键采购智能设备

在吸引家庭购物的斗争中，亚马逊推出了 Dash 按钮。感谢这款无线按钮，你只需点击一下即可订购自己想购买的产品。你可以在洗衣机旁边放一个按钮，然后按一下它订购洗衣液，相关的产品就会进入您的购物篮，您确认订单后便会发货。智能购物按钮已经在美国、德国、奥地利和英国推出。2017 年年初，亚马逊为高露洁、红牛、特洛伊牌安全套、电池和其他 DIY 产品、园艺及厨房用品等生产商提供了 250 种不同的 Dash 按钮。

几年前，家乐福和源讯联合开发了“智能厨房”，这种厨房包括扫描仪在内。家乐福希望通过扫描一个蛋黄酱空瓶，便可以将蛋黄酱添加入虚拟购物列表中。该设备还可以语音操作，能够区分不同的产品，并推荐商店中的类似产品。

如今，我们看到出现了越来越多的智能设备，它们知道何时需要更换、修理或补充产品。知道何时应该订购食品的冰箱长久以来都是人们所期待的发明，而今天，它已经成为现实。

如果你的冰箱可以自己填满，为什么要浪费时间去购物呢？

走向“补货经济”

一台冰箱便可订购牛奶并选择配送至家中：我们点击智能手机为快递公司的员工打开大门，快递员通过 RFID 信号指示会将牛奶存储在冰箱中的适当位置上。这样的技术已经成熟，智能冰箱明年便可投入生产了。如果你的冰箱可以自己填满，为什么要浪费时间去购物呢？

通过 Dash 补货服务，亚马逊目前在自动化领域处于领先地位。亚马逊还将该技术推荐给了提供智能家电的家电制造商。惠而浦洗衣机制造商已经与亚马逊合作推出了智能洗衣机和匹配的烘干机。当洗衣机估计洗衣剂盒子几乎为空的时候，便会通过亚马逊账户订购一个新的洗衣剂盒。兄弟商业公司生产的兄弟打印机也一样。另外还有更方便小巧的产品，例如碧然德智能滤水芯可在合适的时候下单购买新的过滤水芯。

我们目睹了“补给经济”的诞生，它不再需要零售商。就像通过 Alexa 或阿里巴巴的天猫语音助理下单一样，或像通过阿尔伯特海津和 Hiku 的条形码扫描器订购一样，亚马逊的 Dash 按钮只是“补给经济”的一次尝试。这些小工具可以自动进行购买（半自动），并同时绘制出精度令人难以置信的个人购物行为。在购物更直觉化和更瞬间化的同时，客户旅程也尽可能地被缩短了。同时，以购物为前提的传统“关键时刻”现在只需要按一个按钮就可以实现了。

图 9　关键时刻

只需一个按钮，第一次消费刺激和购物之间的时间就会缩短为一个简单的动作。另外，通过机器到机器的订购（例如一台自己订购新墨盒的打印机），第二个关键时刻之前的所有“关键时刻”便都消失了，换句话说就是购买产品之前不知不觉浪费的时间都节省下来了。

从不再假设消费者计划购买什么，到随时随地了解消费者将购买什么的转变导致库存发生了变化。库存不再是风险，不再是为了保持供应而准备的储备，现在的库存是确定的产品，可以被销售。换句话说，尽管仍要为库存支付相关的费用，但是我们不再将它视为成本，而将其视为营业额。

自我采购设备变得越有效率，它在供应链中的用途就越广泛。在补货经济的背景下，生产商只生产他们肯定会出售的商品来降低生产过剩的风险，这同时也提高了他们在协商过程中的地位。零售商当然可以尝试推销自己的产品，但他们必须确定消费者有意购买才行。

在补给经济中，供应链展现出完全不同的一面，因为所有的环节都在向最终消费者提供具体的产品。“按库存生产”不仅让位给“面向订单生产”，而且它最终可能会从零售业中消失。这一变化将消除供应链上出现的任何不确定因素，并为供应商和零售商提供新机会。关于这一点，品牌生产商和零售商都很明白。在联合利华收购了一美元刀片俱乐部（Dollar Shave Club）后，宝洁推出了汰渍洗衣俱乐部系列（Tide Wash Club），而超市连锁店通过生产套餐和订购套餐对亚马逊 Prime 的行为做出了回应。当然，接下来还会有其他的产品出现。

因此，品牌和电子产品生产商之间出现了一场新的竞争，不仅在于接触消费者，还包括触及消费者的家用电器。智能洗衣机可以订购什么样的洗衣液？对于品牌来说，首先应该和制造商达成许可协议，因为这不会让他们吃亏，因为智能设备可能成为品牌从未见过的最忠诚的客户。

对于零售商来说，他们在这个全新的、被缩短的渠道中再次失去了原有的地位。但最重要的问题是，他们将要扮演什么角色。为人熟知的零售先知道格·斯蒂芬斯认为，这个问题不应该被低估，因为40%的购物都是机器到机器的购物。他甚至预测在接下来的几十年里，所有食品都要通过智能家电购买。这难道不是减轻繁忙的Y世代负担的终极方式吗？无论如何，沃尔玛希望加入这一行列，并已经申请了智能连接设备专利，以便在自己的库存耗尽时自行订购产品。

你的虚拟助手在安静地监视

可穿戴产品最终将像智能手机一样成为我们生活中不可或缺的东西。可穿戴技术并不是要转化成一系列具有各种功能的不同设备，而是正在贴近我们的生活，并将成为我们身体的一部分。我们正在朝着一种可以通过语音和肢体动作下单的技术方向发展。技术将成为安装在我们的耳朵、肩膀或眼睛中的个人助手，它可以看到我们能看到的东西，为我们提供帮助并和我们交流。Siri 已经入住了你裤子的口袋，而 Alexa 则走进了你的客厅。

今天，Alexa 通过 Amazon Echo（智能音箱）得到了大家认可。Echo 乍看起来像是连接到互联网的扬声器，但它远不止于此。它是由 Alexa 控制的可以做任何事情的声控虚拟助理，它可以订购比萨、告知天气情况、调节屋内光线。Alexa 每天都在学习新功能，因为亚马逊允许外部设计人员使用该系统创建新的应用程序。在零售和快消品领域，达美乐（Domino′s）比萨、优步和索诺斯（Sonos）都支持 Alexa。如果你要求 Alexa 订购比萨饼，它就会直接向达美乐比萨下单。而索诺斯正在忙于设计一个集成了 Alexa 的扬声器。荷兰阿霍德集团旗下的网上零售公司 Peapod 还创建了 Amazon Echo 应用程序，用于订购和补货。

Alexa 这样的语音助理赋予了互联网一个声音。你可以和它交谈，它可以回答你。它的一部分答案是由软件开发人员编写的，另一部分答案是源于互联网上可用的海量数据。如果你有一部苹果手机，你就可以问 Siri 生活的意义是什么，还可以问它是否觉得你很风趣，你甚至可以向它咨询距离最近的超市在哪里。家庭生活方面，谷歌提供谷歌 Home 智能家居设备，因此安卓（Android）手机用户通过说“Ok，Google”便可接通谷歌语音助理。宜家是第一家通过 Alexa，谷歌 Home 和 Apple HomeKit 销售智能照明产品的公司。

与此同时，亚马逊 Echo Show 和 Look 产品已配备相机，因此该应用程序可以听到并看到用户。消费者在对自己的着装进行自拍后，可以询问 Alexa 自己是否穿戴得体。另外，消费者也可借助 Alexa 让其他用户来参观自己的衣柜。除了视频会议之外，用户自己在做菜的时候，还可以通过 Alexa 获得厨师的实时指导建议。

软件的图像设备大大增多了数字助理推销产品的机会，但也引发了许多新的隐私问题。Alexa 是否只在听到它的名字时才会被唤醒，开始收听、记录或观察？这我们又如何知道呢？在第一起将亚马逊 Echo 引为证人的谋杀案调查结束后，我们才知道数码助理的照相机和麦克风始终在运转。如果亚马逊 Echo 在犯罪现场播放音乐并处于待命状态，那它有没有谋杀现场的录音呢？

应用于身体的技术

我们将芯片和传感器嫁接到皮肤，让智能技术成为我们身体一部分的那一刻不远了。特斯拉的创始人，有远见的埃隆·马斯克提出了人脑电脑化的设想。首先这一设想的实现离不开神经蕾丝（Neuralink）技术，其次他打算使用人工智能和让个人变得越来越智能和高效的植入物来使人脑电脑化。

在硅谷，研究人员正在努力工作，在智能设备的基础上迈出了下一步：电子人。

在硅谷，研究人员正在努力工作，在智能设备的基础上迈出了下一步：电子人。目前，可穿戴技术几乎可以实现这一目标。现在可穿戴技术正以智能手表、智能眼镜和各种智能衣服的形式流通于市场中。现在 34.5% 弗拉芒人的日常生活离不开智能手机，而离不开电脑的人却只剩 17% 了。

智能手表是便携式产品中最重要的组成部分之一，但与智能手机和平板电脑相比，它仍然是一个利基产品，激不起消费者以及零售商的热情。入耳式智能设备（可穿戴设备）和带传感器的服装各占据市场份额的 1%。虽然这些是最低百分比，但根据互联网数据中心（IDC）市场分析师 2017 年的说法，出现了将要有所发展的迹象。由于可穿戴设备产品越来越多样化，所以谁知道未来会发生什么呢。

智能眼镜不只是为了你的眼睛

智能眼镜将信息投射到你的视野中，虽然你还是只能看到周围的事物（增强现实），但是感官却发生了很大的变化。这种功能使智能眼镜成为在购物时查看信息或识别物品的有用之物。但是实际上，该技术的应用并未走得太远。因为尽管技术存在，但流通中的智能眼镜却很少。最好的例子就是谷歌眼镜，该模型几年前已经作为原型出售，但迄今为止还没有得到公众的青睐。

一些公司，如联想、Snapchat（带相机的太阳镜），甚至 Visa 都试图推出允许消费者付款的太阳镜。这些眼镜看起来像普通的太阳镜，但是里面却集成了一个小芯片，客户将眼镜放在配备有 NFC（近场通信）技术的支付终端顶部就可以进行支付了。

由于 Visa 太阳镜上没有其他功能，所以它不会取得太大的成功。但这却说明了不久的将来的发展趋势是什么。Visa 公司声明，公司是想证明那些不被用作支付手段的物品，如太阳镜或者戒指等，在以后是可以被设计成为支付工具的。实际上，一家中国香港公司就推出了一款移动支付戒指。

从会说话的内衣到会思考的衣服

在比莉・怀特豪斯（Billie Whitehouse）那里，技术与性感走到了一起。比莉・怀特豪斯作为一家智能内衣品牌，目前为杜蕾斯设计了一款传感器内衣。该内衣在所有敏感位置都安置了传感器，并可以通过智能手机进行操控。该设计的基本的理念是：让男人或女人穿上漂亮的内衣，通过应用程序和内衣连接，然后了解伴侣享受性爱的过程。

对于那些喜欢做瑜伽放松身心的人来说，怀特豪斯还发明了 NadiX 振动瑜伽裤。这种瑜伽裤可以帮助你采用正确的运动姿势并让你保持专注。不过这条裤子会花费你 300 美元。

跟你说话的胸罩呢？OMSignal Bra 公司的这个想法来自美国陆军。美国陆军要求士兵们穿着智能内衣，在这些军用三角裤的弹性边缘处设有传感器，可以测量心率、体温和出汗程度。因此，对于任何想要或者能够买得起智能胸罩的女运动员来说，也可获得同样的数据。

对于品牌而言，可穿戴设备不仅代表着一个新的市场，而且一旦开发可穿戴设备的公司推出大量的创新产品，它们就会变成不可小觑的竞争对手。另外，可穿戴设备还可以让商家和消费者更好地进行相互沟通。一方面，可穿戴设备已让消费者走进商家的世界；另一方面，可穿戴设备可以帮助商家和消费者保持密切联系。

屏幕前后的机器人

由机器人接管的仓库

在电子商务中，效率往往决定了企业的潜在收益水平。自动化和机器人技术起着关键作用。多年来，亚马逊在为实现最佳条件而努力。它缩减人工挑选货物的工作，通过机器人可以自动交付货物；机器人先从货架上挑选出物品，然后放到推车里。上述过程不到 1 分钟就可完成。

亚马逊其中一个仓储中心是由自推式机器人从装满大量产品的货架上取

货的。割草机般大小的推车可以以最快的方式自动找到货物，并交付给管理下单的员工。后者只需从推车上取出物品，扫描并放入塑料盒中。这样不仅节省了时间，提高了生产效率，还因为工人不再需要穿梭于货架之间，所以可以增加更多的货架来合理利用存储空间。但请注意，该仓库主要的货物是智能手机、书籍和 T 恤等小型产品。

负责实际包装的员工打开一个尺寸足够大的盒子，他所要做的就是放入防震材料，然后封箱。封箱胶带的长度是自动设定好的。打包完毕后，箱子便会被放到传送带上运输到适当的地点。在传输过程中，盒子上会被添加条形码和运输数据。包裹传到终点便会被第二位员工取下放到配送货车上。从货架到配送货车，这一路非常便捷。

目前，许多仓库都配备了全自动叉车，这些车辆可以在仓库里调整满载商品的货架的位置。不过 Bol. com 公司还不使用机器人来移动货架。在接受采访时，比利时 Bol. com 公司的总监琪琪 · 劳文思（Kiki Lauwers）说，有些流程是故意通过人工进行的。该公司这样做是因为这些流程可以提供临时性的工作。一到年底假期期间，配送中心便可雇用 1400 人来工作。而其他流程是自动化的，帮助公司每小时自动打包 5000 个包裹。

进军商店的机器人

未来 10 年，在线销售额将占总零售额的 20% ~25% ，因此实体店要改变自身形象，不能再满足于充当商品买卖交易的角色。零售商将面临一个似是而非的选择：一方面，出于经济需要，它们不得不在零售业务方面节省开支；另一方面，他们将不得不向消费者提供体验式购物环境并对此进行精确的投资。罗兰贝格咨询公司（Roland Berger）2016 年的一项研究表明，正是在这种两难之中，机器人逐渐成为一个重要的解决方案。

现在，使用机器人进行工作所产生的费用已低于售货员的年薪，而且这个成本还在不断降低。机器人具有竞争力，但他们在零售中能扮演什么样的角色？罗兰贝格区分了机器人的四个主要应用：货物管理、信息机器人、产品配送和客户旅程分析。

它们的工作效率和成本都比人类员工要低，最主要的是，“在晚上”依旧可以工作。

首先是货物管理。机器人能够了解、盘点并及时补充货架和仓库里的库存，从而优化物流运作和缩减库存成本。机器人的工作效率和成本都比人类员工要低，最主要的是“在晚上”依旧可以工作。如果速度和便利性是至关重要的条件，那么正如美国初创公司Shotput所设想的那样，我们期待看到完全机器人化的提送货点。移动超市将在没有任何人为干预的情况下运行，因为机器人将运行在供应链的各个环节中。阿霍德德尔海兹首席执行官伍特·科尔克（Wouter Kolk）已经认识到，该集团在未来可以在没有员工的情况下运作。而零售专家凯特·特罗特（Cate Trotter）甚至预测，机器可以取代折价超市中的所有人类员工。

另一方面，Pepper，Nao或Tiki等机器人可以接待客人并和客人互动，向顾客提供产品信息和促销活动的信息。由于它们的可爱外观和多语言性能，顾客和商店之间的沟通障碍得以消弭。在对Pepper进行的测试中，家乐福了解到，顾客使用机器人的次数比使用数字终端的次数高30倍。

信息机器人的作用是提供自助服务，主要应用于提供大量商品的百货公司，因为在这些商店里，从员工那里获得个性化建议并不是特别重要的一件事。美国DIY连锁店Lowe’s，在做了两年的测试后，现在在其加利福尼亚州的店里推行了LoweBots机器人。该机器人会讲几国语言，并帮助顾客在货架上找到他们想要的产品。机器人会询问顾客所需要的东西是什么，然后进行扫描，然后再将顾客带至合适的货架。机器人显然对员工本人也很有用。由于机器人可以回答简单问题，因此便给了员工更多时间去与顾客分享他们的专业知识。最后，LoweBots 还可以对库存进行实时控制。

在提供有限产品的小商店或奢侈精品店中，由于顾客希望获得员工优质的服务，所以机器人自助服务似乎并不符合消费者的需求。但是机器人可以用于配送产品或自动付款。例如麦德龙和乐购最近测试的无人机和滚轮机器人 Starship。在西雅图的一家名为 Hointer 的牛仔裤商店，机器人可以将顾客选择的产品带入试衣间让他们试衣。由于机器人的存在，商店可以节省 50% 的员工成本。这一方面是因为商店无须太大的销售区域，只需原销售区域的 1/5 空间便可；另一方面是因为顾客现在的试衣量是原来没有使用机器人工作时试衣量的三倍。

最后也是最具创新性的领域，罗兰贝格将其称之为客户旅程分析。机器人可以统计来到商店的顾客数量，做出客户旅程图，分析兑换率以及顾客行为和情绪。有了这些数据，零售商就可以在他们的实体店做一些分析。其实对于这样的数据分析，网店许多年前就开始进行了。应用数据分析企业 Retailnext 使用机器人技术对实体商店的数据进行深入分析，而 Digeiz 用该技术来分析客户在实体店中的购物过程。

当传感器能够识别我们的感受时，情况将会变得令人有些担忧。进入商店的人看到商店的产品、促销活动和内部装修时，他们面部微小的肌肉会不由自主地做出一系列反应，而这些反应会通过情绪表现出来。机器人的感官传感器能够捕捉这些情绪，并将这些数据与个人联系起来。美国公司 Eyeris 创建的 Emovu，就通过分析消费者的情绪来为他们提供更多的相关产品和体验。

机器人是否能在零售业发挥重要的作用取决于许多因素。一方面，商店和库存必须依据机器人执行任务的能力做出相应的调整；另一方面，消费者必须学会接受机器人作为员工或同事。那么，机器人应用于零售业具有美好的前景吗？答案是肯定的。

无人机：送货的未来？

无人机技术不断提高。这就是为什么无人驾驶飞行器，通常是四轴飞行器，今天用于货物运输的原因。沃尔玛、谷歌和亚马逊正在测试这项技术。2016 年 12 月 7 日，亚马逊与英国政府合作，在剑桥附近以亚马逊送货无人机 Prime Air 的名义进行了第一次交付测试。亚马逊现在希望将测试扩展到英国的其他地区。

包裹会自动加载到无人机上，然后通过它自己的迷你轨道移动到特殊的起飞平台上。无人机的总飞行时间为 30 分钟，可以携带重达 2.3 千克的包裹。配送完成后，无人机将自行返回基地。该测试目前仅限于订单处理中心周边几公里范围内的一小部分客户。不过，亚马逊有着明确探索技术极限的雄心。对于敦豪航空货运公司（DHL）而言，它也成功地在雷特温克尔（德国一城市）进行了类似的测试，并打算继续保持其势头。

在 2016 年夏天，美国最大的便利连锁店 7 – Eleven 用无人机进行了首次商业配送。达美乐比萨连锁店也在新西兰推出了一个名为 Domino’s Robotic Unit（DRU）的新配送流程。该连锁店还计划与许多国家进行谈判，希望能使无人机配送合法化。一旦无人机配送合法化，这将大大扩展配送范围（目标是提供新鲜出炉的热比萨，因为目前的配送范围实际上是有限的）。Coolblue 首席执行官彼得 · 茨瓦尔特（Pieter Zwart）认为，在比荷卢经济联盟等人口稠密的地区，无人机的自由移动受到很多限制，因此造成使用率降低。只有当商店与顾客之间的距离使得配送成本过高时，使用无人机才具有真正的价值。如果你想将包裹运送到安特卫普或鹿特丹，那么邮局不仅方便而且邮费也不会太高，因为邮递员可以轻松到达交货地点。另一方面，如果你是住在美国中部的一位农民，而邮差在崎岖的道路上花上半个小时才能到达你的农场，那么无人机可以降低配送成本。

鲁汶大学研究员巴特·泰斯（Bart Theys）制造了一种混合式无人机，它像四轴飞行器一样起飞，然后在空中展开翅膀水平飞行，就像“固定翼无人机”（一架小飞机）一样。泰斯也意识到这样一个事实，在人口高度集中的国家，由于配送时间相对较短，所以无人机似乎无用武之地。他说：“不管怎样，无人机在固定点之间配送重要物品仍然是很有趣的事情，这有点像大型建筑物中的气动物流传输系统。在我看来，无人机用于零售业的前景似乎不太乐观。今天，这款无人机主要用于促销活动，而最终它可以用来解决一些紧急情况。”

智能对话系统是新的客服中心

智能对话系统就是数字对话助理，可以用来提升购物体验。对话系统已经存在了几年，但最近才升级为智能系统，这可以让消费者和对话系统进行问答（当然是用人类的语言）。零售网站几年前就开始使用这些对话系统了，除了传统的搜索功能外，如今它们还是流行的聊天应用程序。例如 Facebook Messenger、Skype 或 WhatsApp。另外，消费者可以通过自己熟悉的聊天系统下单。

在理想世界中，对话系统可以提醒客户、记录投诉并完成销售流程。但现实的情况并非如此，因为对话系统可能无法正确理解客户正在询问的问题或表达的内容。尽管如此，对话系统还是可以接管一些工作。在过去，每次谈话时都可能需要一个人来回答我们提出的问题。今天，对话系统已经可以提出最简单的问题并给出答案了，所以只有当对话过于复杂时，才需要员工出面。

AVEVE 品牌的 Eva 系统

借助 Eva 系统，比利时的装饰、花园用品和宠物产品品牌 AVEVE 建立了一个电子学习环境，汇集了网络中常见的知识和常见问题的答案。商店员工可以自由访问该系统。他们通过平板电脑便可以找到产品信息、产品优势和推荐理由等信息。任何以前没有提出的问题也都可以通过该系统直接传送给“专家”。

由于在办公时间以外无法和总部的员工取得联系，或者在商店关门时间之后，也无法联系店员，所以为什么连锁店不能通过对话系统在网站或者社交系统上，用所收集到的信息来解决消费者的困惑呢？在商店里，Pepper 机器人不仅取代了员工直接可以回答用户提出的问题，而且还可以将客户带至其所需的产品面前。机器人对店面了如指掌，不是吗？机器人提供了当今消费者非常注重的友好性体验。

人工智能很快就与人类智力无异

我们迟早都将面对那些具有人类外形且知道的比我们还多的智能产品。人工智能无处不在，从流水线到收银机，这一切都归功于人工智能的特殊性——具有人类的智力。

人工智能无处不在，从流水线到收银机。

根据科学家们的说法，这项技术必须通过图灵测试才能真正成为人工智能。如果人类没有意识到自己的对话者不是人类，那么该机器就可以被认为是人工智能机器。人工智能在零售领域以不同形式出现，远远超过人们当初的设想。从对话系统到语音助理，再到机器人，人工智能正在改变零售业的面貌。

智能眼镜不仅会告诉我们该往哪里走，还会给我们播放音乐，还会在我们的心率太快时播放旋律舒缓的音乐；智能眼镜还会告诉我们交通情况或者提醒我们妈妈过生日了要买花。这一切的实现只是时间问题。人工智能不仅仅是我们在电影中看到的东西，还是我们未来生活中每天都能接触到的东西。

付款的未来：未来的支付方式

目前在西方一些国家，智能手机是继台式电脑和平板电脑之后用于网购的第三大最受欢迎设备。根据 Demandware 公司 2016 年关于移动购物的报告，在美国和欧洲的互联网流量中，智能手机使用量占 45%，但用智能手机购物的比例是 38%，最终支付比例是 25%。这些数字可能会随着支付方式的改变而有所增加。

一个有趣的例子来自比利时公司 Appiness 的 Spott 应用程序。该应用程序允许用户在观看电视节目过程中通过电视屏幕查看某一产品信息，并购买此产品。该应用程序于 2016 年 10 月推出，公司和 RTL 及 Medialaan 电台合作，在 Dagelijkse Kost，Thuis，Reizen Waes 等节目中对应用程序进行了测试。其他测试将于 2017 年 1 月至 6 月期间通过 VR 电台的节目进行。

在线支付将彻底改变生产者、零售商和消费者的生活。现金交易正在消失，但这个过程比预测的要慢得多。据欧洲中央银行的一项调查显示，在欧盟商店进行结账时，四分之三的支付仍以现金为主。2017 年，欧洲中央银行行长马里奥·德拉吉说：“即使在数字时代，现金仍然对我们的经济至关重要。”

然而，根据科尔尼管理咨询公司（A. T. Kearney）的研究人员的估计，非现金支付的数量预计将从现在的30%上升到2020年的40%。届时，1/5的这些非现金支付将通过其他支付工具进行，而便携式设备的到来加剧了这种交易的进行。

从银行卡到智能手机

荷兰银行和荷兰Betaalvereniging公司提交的“结账付款”报告指出，在荷兰，用PIN码（支付密码）支付的交易几乎占总交易量的一半。换句话说，去年荷兰的电子支付额为35.7亿美元，现金支付额为29.5亿美元。报告指出：这要感谢智能手机。越来越多的消费者选择使用信用卡或手机进行支付。这种非接触支付是信用卡支付持续增长的决定性因素。

非接触式付款说明了它的含义。通过这种付款方式，客户不必输入PIN码，他只需扫描自己的支付卡或将含有支付卡信息的应用程序放到支付终端前面便可。该系统安全、方便，速度还提高了9倍。CVV公司是一家提供解决支付疑问方案的公司，其工作人员提姆·梅尔舒特（Tim Meersschaut）说：“在荷兰，非接触式支付所需的基础设施基本可用。但在比利时，由于支付卡和系统不兼容，所以大量无PIN码的支付终端都无法操作。另外，对于比利时北部的那些邻国而言，它们的银行也不存在这样的困局。”

所有对非接触式支付感兴趣的人都确信，非接触式支付将会取得令人难以置信的突破，特别是安卓支付（Android Pay）的到来。安卓支付是一款适用于谷歌操作系统的智能手机数字钱包，你只需将信用卡或付款卡与应用程序关联起来，然后将智能手机靠近相应的支付终端上即可付款。然而，对于任何超过25欧元的购物，你必须解锁自己的智能手机来确认付款。

那苹果支付（Apple Pay）呢？根据波士顿零售合作伙伴顾问公司（Boston Retail Partners）2017年的一项研究，虽然PayPal（贝宝）长期以来一直是领先于他人的在线支付平台，但现在苹果支付的市场份额已经超过PayPal 的市场份额。尽管目前全球 80% 以上的智能手机都可以使用安卓支付，而苹果支付仅与苹果手机和苹果平板兼容，但这并无法推断安卓支付在在线付款领域拥有垄断权。

市场上还有很多其他的无线支付系统，例如 Seqr，它可以在 16 个国家下载，并在全球约 3000 万个网点中使用。支付原则保持不变：用户将支付卡与智能手机相关联，扫描产品二维码，然后选择付款的卡，最后输入 PIN 码即可。另外，银行开发的其他本地和全国性支付应用也允许银行账户和自动支付系统相关联，以方便参与的商户。

刷脸或指纹付款很快就将实现

网上商店以及实体零售店在申请不需要密码或读卡器的支付系统。这些商店抱怨说，在最后的付款阶段，有过多的顾客放弃了。这类指责传到付款系统设计人员的耳中后，他们开始着手通过指纹识别或生物识别技术来开发其他支付方式。

因此，万事达和荷兰银行（ABN AMRO）已经启动了一项生物识别支付的实验性项目。万事达比荷卢经济联盟通信总监伊莎贝尔·罗尔斯说（Isabelle Roels）："该项目的原则是用可识别的个人数据来授权支付。最好的数据便是指纹，因为它对每个人来说都是独一无二的。而面部识别是另一种可行的设想。"

对于指纹支付，用户只需下载万事达身份检查应用程序，并对指纹进行编码就足够了。对于喜欢刷脸支付的用户，必须在眨眼[1]的时候拍下自己的

[1] 据网上查找的资料，万事达在刷脸支付进行自拍时需要眨眼，目的是防止使用照片"欺骗镜头"。——译者注

照片，之后，这些数据便被保存在应用程序中，以便该应用在付款时进行参考。任何在线下单的用户都可以在智能手机上看到一个含有邀请的菜单。根据菜单提供的选择，他可以使用指纹或刷脸支付。当万事达应用程序识别指纹数据或面部数据后，交易便可完成。

根据2016年在荷兰测试的结果，测试者表示“极度拥护”：93%的人表示他们希望继续通过指纹进行支付，而超过3/4（77%）的人表示愿意通过刷脸支付。不过要知道，万事达公司当然不是唯一一个尝试使用这种系统的公司。

社交网络软件亦可支付

比尔·盖茨说：“离不开的是银行交易，而非银行。”一段时间以来，我们听到有传言称脸书希望在Messenger聊天服务中加入更新过的支付功能。虽然美国用户已经可以通过该应用向其他用户转账，但据科技新闻网站“信息”（The Information）称，脸书希望该聊天应用可以用于商店付款。该网站在脸书聊天应用程序的源代码中发现了这样的信息：“当你拿起物品时，可亲自付款并直接在Messenger中付款。”扎克伯格不认为脸书是一种支付服务，他说：“我们不想成为那样的公司，但我们与所有付款方合作。”

离不开的是银行交易，而非银行。

就以色列初创公司PayKey而言，它设计了一个系统，这个系统允许在脸书或WhatsApp上聊天时将金钱转移给朋友圈的其他成员。一旦这个成功，没有任何东西会阻止零售商销售产品并通过他们的脸书页面收款。

通过社交网络软件进行支付是可行的，斯普林斯（Splitwise）或Tikkie这样的社交支付应用程序取得的成功是最好的证明。在荷兰，由荷兰银行开发的 Tikkie 系统在过去几周里已经融入了人们的生活。通过 Tikkie，消费者可以共同支付。你和朋友一起去餐厅，想 AA 制吗？只需通过 WhatsApp 向每个饭友发送 Tikkie 的支付请求就可以了。

区块链

你可能已经听说过比特币、区块链、加密货币或虚拟货币这些术语了，但创新咨询和新技术观察家彼得·辛森表示，你将会更多地听到："我真的认为区块链是继 1995 年互联网发明后最伟大的技术革命。"

区块链技术诞生于比特币，而比特币是最受欢迎的虚拟货币。所有虚拟货币的概况都相似，它们的确操作非常复杂，这正是银行为什么研究这些货币背后的技术的原因。通过研究这些技术，银行可以使自己的支付基础设施更加安全。

实际上，区块链是一种分散的计算机网络，该网络通过加密的虚拟通道（区块链），成为指定交易人之间交易的数字账目本。目前仍然需要中间人（银行或支付机构）进行的交易，在不久的将来可能无须中间人，而直接在两个互不相识的人之间安全地进行。另外，每笔交易金额实际上都会记录在全球用户的共享数据库中。

比特币诞生于 2008 年，但在其高峰期时期，即 2013—2014 年，比特币未能取代其他支付方式。但事情并没有就此止步，因为发明者希望带来一些改变，于是虚拟货币被分成比特币和比特币现金，以加速支付。今天，比特币虽然是最安全的投资对象之一，但并非没有危险。因为匿名性质，所以犯罪分子特别喜欢利用加密数字货币。

这些虚拟货币背后的技术就是区块链，同时也被主要金融机构所采用，因为它使得复杂而昂贵的交易变得更高效、更透明和更便宜。根据德勤的报告，该技术也将被应用于其他领域。比利时电信运营商维京移动（Mobile Vikings）近年来一直在销售通话卡，在推出虚拟货币时，该公司表示希望为其客户提供更多的灵活性，允许用户可以用比特币付款。但由于比特币市价的巨大波动，该公司会立即将虚拟货币转换为欧元，这可以避免比特币贬值导致实际营业额下降。

目前，所有使用区块链技术的公司，其总创业投资资本远高于1996年商业互联网出现时的投资资本。因此我们不禁会问：区块链技术将为我们带来哪些新应用呢？虽然我们不能预见未来，但区块链仍然会发挥作用。

非洲和亚洲：中、小型应用软件用户的大市场

许多支持移动支付的比利时和欧洲国家的应用软件还没获得大众认可，而在亚非一些国家，情况却并非如此。虽然我们视移动革命为西方的产物，但是移动商务或移动支付却是在互联网技术曾经落后的地区蓬勃发展。

正如我们前面介绍的那样，手机支付不是美国银行和科技公司的专有技术。在中国，著名的聊天服务软件微信正发挥着重要作用。那些欧洲人花费在Facebook Messenger上的时间，中国人则花费在微信上，而且后者的功能更加强大。微信是一个包含游戏、媒体和支付功能的聊天平台。比如，微信中含微信支付，这是一个虚拟账户，不仅允许用户向朋友汇款，还允许用户在线和在实体店进行付款。

微信背后的公司——腾讯，对每次交易都会收取费用。当拥有数以亿计的用户时，这些最低手续费最终会集腋成裘。腾讯暗示，2016年1月（因新年到来，上网的人数增加），已收取3亿元人民币（时值约3800万欧元）的交易费用。请注意，这一交易额仅来自中国和南非这两个提供微信服务的国家。不过商家表示可以在全球范围内接受付款，从而满足来自亚洲或南非的

游客的需求。

据腾讯首席执行官称，该公司收取的手续费为交易价格的 0.1%。虽然朋友之间的付款不收取任何手续费，但当虚拟资金转移到真实的银行账户时则会收取手续费，这将激励用户保留虚拟钱包。

聊天应用程序可以成为“新银行”的事实引起了西方企业家的兴趣。几年来，脸书尝试通过 Facebook Messenger 进行交易支付和礼物交换。最近，该公司决定将目光投向印度。一切都似乎表明，脸书旗下的 WhatsApp 希望利用印度统一支付界面来研发自己的移动钱包。瑞典公司 Truecaller 也有可能在向这个方向开展项目。

第 4 章 商店的未来：店内体验的多样性

垂直零售对零售商的打击是致命的，全球（网店）竞争正在扼杀小型实体商人。关门店铺的数量在不断增加，市中心的繁荣景象正在消失。至于顾客，他们则继续愉快地在展示空间中享受和体验，然后回来在网上购物。

实体店是否仍有存在的意义？当然，只要它能够不断地推出符合消费者需求的产品。事实上，在结账前让消费者穿梭于茫茫货架的传统商店已经关门大吉，因此传统商店必须转变成为提供最吸引人的商品、服务和体验的商店。人类是寻求“立即满足”感的社会动物，而这恰恰是纯电子商务最敏感的地方所在。

人类是寻求“立即满足”感的社会动物。

在不久的将来，随着机器对机器购物的普及，消费者无须起身自己去购买洗衣粉、卫生纸或饮料，但是他们却愿意学习如何制作新鲜寿司然后与朋友一起分享，或者学习挑选什么样的鲜鱼是用传统方式捕捞的。

将时间浪费在寻找停车位上和提着购物袋走来走去上已经行不通了。个人需要的是有价值的东西，例如结合了技术的体验和服务。购物必须给消费者以舒适感，给他一种在其他店，无论是实体店还是网店，都无法找到的乐趣。

商店应该消失吗

客户体验可定义为以下三点的总和：

- 环境：个人在客户旅程中感受到愉悦。
- 商店承诺：购物过程中全方位接待客人的方式。
- 选择：产品符合客户需求或有别于竞争者。

虽然实体店的主要优势在于前两点，但是它想要领先于购物街上的其他竞争对手，就必须通过“选择”这个要素才能达成目标。换句话说，它必须提供一些符合消费者需求的产品或个性化产品。几十年来，顾客总是被商店过量的产品和服务所包围，而商店的环境也不是那么个性化，还缺少风格或难以激发购物灵感。所以在没有店员建议的情况下，顾客在商店寻找产品就会像大海捞针一样。因为现在时间越来越宝贵，所以这已是行不通的事情了。

如今女性和男性一样，都在工作，所以大家都一样繁忙和缺少时间，家务就应该在尽可能短的时间内尽可能好地完成，以便增加自己的休闲时间来让自己放松身心。放松的方式多种多样，但消费者想要通过一种令人难忘的、独特的方式来取悦自己。消费者不再满足于看、感受和测试产品（客户体验的环境因素），他希望获得难忘的服务和体验（客户体验中的商店承诺因素），并希望参与其中（个性化）。如果零售商可以提供令人印象深刻的和能激发购物灵感的产品和服务的话，那么他就能够打动消费者的心。

当史蒂夫·乔布斯提出苹果专卖店的概念时，他解释说他的主要目标是为消费者提供一种与产品本身一样高质量的商业体验。如果你已经去过苹果专卖店，就会明白这意味着什么。你可以在风格独特的高科技环境中触摸并测试产品，享受其他地方无法提供的帮助；另外，售货员还会告诉你产品的相关信息，用专业的知识刺激你的购物神经。

为了吸引消费者，品牌必须要勾起消费者购物的冲动。实体商店正好做到了这一点。尽管有很长一段时间我们认为实体店注定会关门，但它现在是建立顾客忠诚度的极好渠道。没有比实体店能更好地唤起消费者兴趣的地方了，实体店独特而高质的体验不仅可以提高品牌知名度，还可以提高顾客满意度和忠诚度，因此营业额也将随之上涨。

虽然过去零售商必须依靠传统和昂贵的大众媒体来说服消费者并赢得声誉，但零售商现在可以使用实体店来宣传自己的品牌。这是一个引人注目的战略，即使是在线玩家，如 Zalando 和亚马逊，现在也在开设实体店。

在“体验”和“购物”之间选择，在慢服务和快服务之间选择

卡特琳·卡提尔和凯特·特罗特等设计专家认为，零售商和品牌正面临着两难的局面，所以实体店要么必须变得超效率，要么将客户体验视为重中之重。因此，亚马逊无人便利店（Amazon Go）的设计完全是为了让购物者闪进闪离地购买自己需要的商品，以达到最佳的便利性。

虽然亚马逊的无人收银系统还没有完全开发，但类似的经验已随处涌现。在上海，瑞典初创公司目前正在测试 Wheelys Moby Mart。这是一个流动便利店，每天 24 小时全天候运营，不需要工作人员。在未来，设计师希望推出自动版本，让便利店直接走向顾客。流动便利店的便利性和速度永远是消费者追捧的东西。因为你对购物无法进行详细的规划，所以一旦需要紧急用品时，流动便利店就可解燃眉之急。

为了让商店充分地发挥这种作用，技术是它们的最佳选择。凯特·特罗特说："零售业将加速自动化，那些没有为顾客提供附加价值的重复性工作最终将被计算机和软件所代替。"事实上，即使亚马逊开设实体书店，它也需借助于技术，更确切地说是借助数据。亚马逊开设的实体书店并不大，装饰也不是特别有趣，但是商店出售的每本书都很符合当地读者的需求，这是因为亚马逊了解读者并知道他们想要什么，所以精心挑选了这些书。

凯特·特罗特建议顾客体验只保留最重要的部分便可，那些不必要的东西可以从中清除。由于在体验和购物结账的过程中顾客做出了深思熟虑的选择，因此商家可以精确地对顾客体验从如下方面进行分析，个人对环境、产品和接待的方式有何期望？你去 Action 购物，不是因为这家店很漂亮，也不是因为工作人员给你一些启发性的帮助，而是因为你会以最低的价格找到合适的产品。商店里只有 35% 的固定产品，其余产品会不停地被更新，正是这个原因刺激买家定期来寻找便宜货。寻找便宜货是一种体验。这也是其他折扣连锁店，如库勒鲁迪、阿尔迪和布尔斯托（Bristol）的策略。然而，除了享受"便宜"，顾客还希望获得流动服务和快速结账服务，因为他并不希望在这些店中浪费时间，他要利用宝贵的时间去享受其他事物。

另外，商店在为顾客提供服务时，可提供快速服务和慢速服务两种选择。

另外，商店在为顾客提供服务时，可提供快速服务和慢速服务两种选择。这种选择并非针对两类不同的人。例如，同一个购物者某天可能希望快速购物，而下一次则希望慢慢地逛逛商店。明智的品牌都会提供两种选择。就像伦敦的星巴克一样，顾客可以去座位区，在那里会有一个服务员为他们服务；顾客也可拿起商品并用手机应用程序直接支付，因为商店还有一个快速结账柜台。

为顾客提供终极体验

耐克和阿迪达斯的旗舰店提供的体验都融合了先进的技术。在纽约的阿迪达斯，进入商店的顾客有进入足球场的感觉：商店的入口是个通道，参观者可以在商店设置的看台上观看重播比赛；而在现场测试产品对购物者来说是最大的附加价值，他们可以在跑步机上跑步，也可踢足球或者健身。便携式传感器会分析他们的跑步方式，并根据获取的数据为他们提供合适的鞋子。

在纽约SOHO区，耐克做得更夸张，它将自己的五层商店升格成为一个巨大的、更具互动性的博物馆。每个楼层不仅设有不同的运动项目，还都划分成高科技产品区、测试区及粉丝喜爱的老物件区。这里不仅环境舒适，还服务至上，这里有女士休息室，专业的女性导购会建议女性客户预约Nike + Expert，以改善她们的运动习惯。

因为营业额不再以每平方米销售额为单位计算（无论是线上还是线下，总营业额都是重要的），所以商店可以扩大也可以缩小，商业空间具有了全新的意义。在市中心的购物街和购物中心，一些品牌仍然拥有很大的店面。在这些店里，品牌可以设立体验中心，这不仅可以让顾客有独特的体验，还可以有效地利用空间，例如可以用这些空间进行产品展示，开办手工作坊，组织培训，或设计成娱乐场所。

化妆品品牌丝芙兰（SEPHORA）在其大型店面推广Beauty TIP概念（Teach，Inspire，Play，教、启发、玩），让技术和建议共行。丝芙兰为美妆爱好者提供了两种不同的体验，一些顾客可以参加研讨会或预约集体会议，一些顾客可以虚拟化地测试产品。在虚拟化测试产品的过程中，丝芙兰使用了增强现实技术，顾客可以将唇膏或睫毛膏涂在镜子中出现的脸上。当然，智能镜子可以让你在社交网络上立即与朋友分享结果。丝芙兰很快抓住了增强现实的好处。一方面，顾客不必擦拭无数个人都试用过的样品就可测试化妆产品；另一方面，那些无法亲临商店的顾客也可以通过增强现实应用程序来虚拟化地试擦美容产品。总之无论身在何处，体验都是一样的。这就是全渠道，这就是未来。

网店不乏产品，因此对实体店而言，王道是选择合适的商品进行出售。

商业空间并不只是让消费者用来享受体验的地方，也是用来供应产品的地方。网店不乏商品，对于配有网络终端或平板电脑的商店亦是如此。因此对于实体店而言，王道是选择合适的商品进行出售。“在合适的时间和合适的地方提供合适的商品”，这是美国著名超市塔吉特（Target）所采用的基本原则。虽然塔吉特纽约店的面积只有其他子公司的三分之一，却能提供符合城市顾客需求的产品。

当你不够强大时，你必须变得聪明。产品的多样性和频繁的货物周转可以维持顾客的热情和好奇心，吸引他们前来购物。店中店、快闪商、独家特别限量版或各种各样的产品，都有助于让顾客体验成为独特的时刻。我们不再谈论商店，而是谈论约同伴见面的商业中心。

商店是媒体

多品牌集合店近年来宣称自己毫无竞争力，这是不公平的说法。如果它们能够提供符合消费者需求的产品并采用体现顾客自我价值的经营理念，那么这些多品牌集合店对于消费者来说就会成为休闲和放松的场所，因为消费者在那里可以找到满足其需求的物品和服务。

就全渠道零售而言，实体店正成为媒体和消费者接触的接触点，成为讲述品牌故事的地方。今天，实体商店有点像杂志，成了一个精心组织的体验场所，消费者可以在那里发现和感知品牌故事。

专门针对男性群体的商店是一个新的发展趋势。除了本书后面提到的 Bonobos 品牌之外，还有美国男装品牌托德·斯奈德（Todd Snyder）。托德·斯奈德主要为纽约男士提供具有大西洋风情的服装。不过除品牌服装外，男性顾客还可以在实体店中找到 Aesop 护理产品专柜、快闪店和裁缝专柜。2017 年，该店还迎来了理发店、擦鞋店、咖啡厅和餐厅。为了维护归属感，这个地方也可以在关闭几小时后举办葡萄酒品尝等各种活动。

比利时弗拉芒的企业家皮特·威尔曼（Peter Verhamme）打算将 PV Sound Elcktro 变成一个巨型男士商店。这是一个概念店，男性顾客在那里可以购买任何能让他们感觉雄姿焕发的产品。店铺分为八个休闲区，有视听区，有男孩玩具区（当地 4S 店可以在那里展示汽车），还有烹饪和品尝区（在四个小岛上，团队可以使用最新设备烹饪）。在杜松子酒、朗姆酒和雪茄区域，有超过 100 种的烈性酒等待顾客品尝。

家电行业的店内销售有时会遭遇每天低于 10 次交易的窘境，因此威尔曼商店的做法无非是对家电行业面临的危机做出的回应。威尔曼解释说："客户体验不仅仅是享受咖啡区或酒吧提供的服务。"所以我们得到的结论是：只要你有一个故事可以讲述，你的商店就仍然是一个可以释放你的创造力的空间。

JUTTU 概念店的经营理念

比利时 JUTTU 概念店由户外用品连锁店 A. S. Adventure 中的一支年轻团队所创建。在旗舰店和名牌店的时代，JUTTU 这个多品牌集合店敢于逆水行舟。概念店有 90 多个品牌，既包括本土品牌又包括海外产品，提供衣服、家居装饰品和有限的食物等各类产品。

JUTTU 来自芬兰语，意思是“故事”或“轶事”。该连锁店希望让购物成为完整的体验，用它自己的话说就是“利用目前的趋势让购物少一点冲动，多一点意识”。所有商店都由五个“生活方式”角落和一个“食物”角落组成。同样，每家分公司都可以设立“店中店”，提供不断变化的产品。快闪店给年轻设计师带来了机遇。

顾客体验通过 JUTTUgram 得到了加强。它是一份巨大的报纸，内容丰富，包含轶事、时尚提示、技巧、社论以及零售商品牌的相关采访等。JUTTUgram 口号是“不仅仅是商店，不仅仅是报纸”。JUTTU 网站也以生活杂志的形式展现于顾客面前，可以让消费者安静地阅读并激发他们的购物灵感。让我们为体验而拿出些时间吧。

为什么这个商店可以良好地运行下去？秘诀就在于将顾客体验放于首位。商店不仅是让客户感受到关怀的地方，还是创造自己空间的地方。在产品方面，连锁店根据顾客对原创的需求推出新产品。另外，惊喜元素也是 JUTTU 成功的一个组成部分，客户因意外发现而被诱惑。商店提供的产品是经过仔细筛选的：有高端产品、相对不知名的品牌，还有具有明显的“潮人”特征的产品。

那些创办该商店的人必须确保商店能时刻吸引客户的注意力，因为一旦商店跟不上发展趋势，其形象便会迅速下降。这时，商店将只不过是一个什么都卖的没有特色的商店。

购物街需要通过快闪店增加活力

越来越多的零售专家确信，在大城市，快闪店能够挽救商业街。例如，凯特·特罗特预测，未来的购物街将比往日的购物街更具活力、更有趣。面对现在的标准化进程，她说："如果购物街都是千店一面，那么没有一条购物街可以撑得下去。如果要唤醒消费者的兴趣，我们就需要多样化。"最简单的方法就是通过增加快闪店来使购物街在每个月呈现出不同的景象。这样，消费者在每次逛街时就会萌发新鲜感并再次回来购物。

如果要唤醒消费者的兴趣，我们就需要多样化。

快闪店最初是用来填满空橱窗和为初创企业提供临时体验的，但如今它已经成为零售商和品牌发展全渠道组合策略的重要元素。快闪店不仅是给消费者提供惊喜的理想渠道，它还可以提高品牌的知名度。对于在线商家来说，这也是一种提高知名度的有效方式，因为快闪店不仅无须支付永久店所要承担的高成本，还避开了全渠道商业模式的复杂因素。

快闪店不仅受到在线商家的欢迎，而且实体零售商也看得到快闪店的优势：推出新系列产品，掳获其他目标群体，扩大营业范围，测试新产品或试验新概念。快闪店与时俱进，一切都非常快速和短暂。因为新兴的消费群体是"数字原生代"，所以如果商店能依变化做出快速反应，那么这将非常符合他们的生活方式。

路易威登使用世界各地的快闪店来推出其全新的 Supreme 联名系列。为了制造悬念，直到开业前几天，这些商店的位置还一直秘而不宣。这一举措引发了一场真正的"海啸"，不仅许多买家在店门前排了几天几夜的长队，而且在美国和加拿大，路易威登出于安全上的考虑，还被迫取消了一些快闪店的开幕仪式。

快闪店的快闪特性（现在也变成持续的）给一些创意企业家提供了商业机会，他们在互联网上建立了一个商业平台，帮助那些想要在大城市开快闪店的商人找到最合适的商业位置。英国公司 We Are Pop Up（我们是快闪）在伦敦和纽约地区，提供整间店面出租（租用整个商店）、开设旗舰店等服务方式。不同的商家可以在 We Are Pop Up 提供的商店暂时供应自己的商品。每个商家依据实力租用商店的货架或商店的一角。如果卖家需要，We Are Pop Up 还会为他们寻找销售互补产品的合作伙伴。

与所有的零售一样，快闪店需要不断的自我创新，而临时性质恰恰是它的资产。如果快闪店能让消费者惊喜，能唤起他的好奇心，那么它就会发挥积极的作用。因此，快闪店必须随时保证能够创造惊喜。

小而精致的微电子商务

直到 21 世纪的第一个十年，“大，再大，最大”一直是零售业的信条。尽管房租因为店面扩大而上涨，营业额也仍旧稳步上升。但当危机爆发，消费者的店内消费开始减少之时，商家便被迫降低了自己的要求。

零售商一直试图通过提供符合客户需求的产品和提供环保产品来挽回营业额，市中心的小型便利店便是这一趋势的写照。越来越多的零售商开始开设便利店。这些便利店不仅面积小于邻近超市，而且提供的产品也有限。例如这些店不会提供十几种洗衣产品或五种不同类型的黄油，最多只有一两种罢了。在荷兰，美特好开设了 25 家美特好城市店（Spar City Stores），除了提供日常消费品外，还为顾客设置了能吃早餐或午餐的吧台。而 Jumbo 已宣布它会在荷兰的主要城市开设一百多个 Foodmarkt City 子公司。

微电子商务正在慢慢开始向非食品业进军。例如，宜家在西班牙的纳瓦拉市开设了一家商店，该商店的规模只有宜家子公司的10%左右，其中近三分之一的店面专门设置成为自提点，以便顾客提取在线订购的产品。此外，商店还提供一系列配件产品，顾客可以根据交互式产品目录了解产品和进行订购。

微电子商务正在慢慢向非食品业进军。

与此同时，迪卡侬在英国连锁超市阿斯达（Asda）的子公司里开设了约120平方米的小商店。当然，这些小商店的产品肯定不会比拥有超大面积的旗舰店里的产品齐全，不过客户可以在网购前从这里获得建议。顾客下单的货物要么被配送到家，要么顾客到阿斯达的店中店来自取。

法国出版商法国大学出版社（Les Presses Universitaires）解释了如何运用技术发展微电子商务。该出版社在巴黎市中心开了一家72平方米的书店，但商店提供的书籍却超过300万种。秘密是什么？那就是使用Espresso Book Machine（快速打印机）按需打印。在短短几分钟内，该设备便可以打印整本书，并装订、上封皮、交货。在新书印刷期间，商店还会向顾客提供一杯茶或咖啡。这种店不需要大型卖场，也没有库存，因此这种营销方法优点突出。至于客户体验，那也是赞不绝口。

你也许会说不可能做得更小。不，这是可能的！因在酒店开设了时尚迷你服装吧，Pimkie便毋庸置疑地拥有了最小的商店。在办理酒店入住手续时，顾客可以在那里找到一些衣服和配饰。如果他们找到适合他们的东西，他们可以立即试穿并在他们离开酒店时付款买走。如果该产品不合适，酒店的礼宾人员将尽快为他们提供合适的尺寸。对酒店顾客而言，Pimkie提供了独特的服务，而自己享受了有趣的体验。在安特卫普、布鲁塞尔、巴黎和米兰的一些酒店，Pimkie开设了数十家这样的迷你商店。

商店不是游乐园

即使商店经常与游乐园或其他类似的合作伙伴合作，让顾客尽可能地享受欢愉，但商店还是商店，不可能成为游乐园。因为对城市或市中心的大型实体零售店的需求减少，所以购物中心变得越来越少，消费者购物的奔走路程也因此越来越长。

为了吸引消费者，商店需要提供完整和多样化的产品。另一方面，商店还需要对自己的实体销售点进行改造。这不是一种随便的改造，而是一种平衡的改造，不仅要让销售点变得有吸引力并能刺激消费者的购物神经，同时还不能让销售点变成杂货铺和脱离消费者。毕竟时尚或潮流转瞬即逝。

M&M'S 伦敦、纽约和拉斯维加斯的旗舰店非常受欢迎。在那里，访客不仅会发现数不清的用巧克力豆做成的产品，还可以驾驶 M&M'S 虚拟赛车，进行角色自拍，打印自定义 M&M'S 或观看 3D 电影。2016 年，伦敦商店接待了 530 万位访客，这一数字几乎和英国自然历史博物馆接待的参观者一样多。无论盈利能力如何（总之，该公司是无法实现其收入目标的），旗舰店做了它必须做的事情，即创造知名度和广告效应。在购买 M&M'S 时，任何消费者都不会感到 M&M'S 业绩不好。

游戏仍有风险。年轻的千禧一代无法被一般的场所所吸引，正如老时尚品牌阿克贝隆比 · 费奇（Abercrombie&Fitch）所观察到的那样，年轻人的口味变化迅速、难以捉摸。以前，在人流量高的日子里，无数的顾客会在店门口排成一排，然后和在入口处制作花瓶的大手臂拍照。进入商店，由于音乐嘈杂，灯光昏暗，店内到处充满香水味等原因，所以顾客会有种在夜总会购物的感觉。今天，顾客已经迫使阿克贝隆比 · 费奇和过去彻底决裂。在停止了表面工作后，阿克贝隆比·费奇迎来了多元化、纯净和明亮的新概念商店。

顾客体验并不意味刺激，也不意味着商店应该成为娱乐场所。建议和服务仍然是消费者进入实体店时所寻求的元素。

纽约广场索尼店

索尼在纽约时代广场开设了第一家体验店，该商店以“通过非凡体验点燃创造力和好奇心”为座右铭，在产品推广前在店里对产品进行测试。该公司通过一系列讲座和摄影展等活动来讲述索尼的品牌历史，当然，这些活动使用的设备都是索尼生产的。

这个体验店的目标是定期展现商品的多样性。由于只有一个柜台，因此推出的展品或卖品只有一个（但这并非是索尼的最初目标）。所以每4～8周，体验店的主题或产品都会更换。当然，商店提供的产品总是和高科技的主题挂钩，如PS游戏机、虚拟现实的演示以及可以测试索尼物联网产品的客厅。

纽约广场索尼店的王牌是它的地理位置。在时代广场，商店享有不间断的客流量。这个令人眼花缭乱的体验店要比纽约广场的大屏幕广告更能吸引大量消费者的注意。这种体验店只适用于垂直整合的品牌，因为它本身永远不会盈利，它只是一种纯粹的营销手段，所以将这类型的体验店视为销售点将是一个极大的错误。

全渠道：零售就是这么简单

在过去的几十年里，数字技术的发展彻底改变了我们购物的方式，但大多数年轻一代表示非常享受这种变化。新变化无非是通过一切手段将实体店和数字化的优势相结合，从而获得独一无二的体验。但这不会是轻松的事！

这种新变化是数字化实体零售（phygital），又称全渠道，概言之就是合二为一的实体世界和数字世界。但简单地将实体店与网上商店结合是不够的，最重要的是通过渠道整合，在消费者最希望的时间和地点向他讲述品牌独特的故事。

例如，Kruidvat的老总沃森（Watson）为他的实体店投入了近1.41亿欧元。这笔费用用于技术、物流、员工培训和扩展新店面。在网络主导一切的时代，沃森的这种做法简直就是烧钱，不是吗？屈臣氏的运营总监玛丽娜·艺满林说："我们总是担心在线营销策略会给实体店的销售带来沉重的打击，但我们发现，同时在网上和在实体店内购物的顾客比只在实体店购物的顾客消费要高出2.5~3倍。"

在线、离线和移动销售相结合，消费者满意度和购买倾向会增加。

在线、离线和移动销售相结合时，消费者满意度和购买倾向会增加。这就是为什么在线品牌和商家在购物街上开设实体店的原因，这也是为什么实体零售商通过数字技术建设在线商店和进行内部库存管理的原因。

虽然最近几年实体店的唱衰之声不断，但今天我们知道了它的意义是什么。在2014年麦肯锡就估计，到2020年，实体店零售占总零售比例的80%以上。这关键的一步在于如何比照消费者让这些商店更加智能化。消费者如今使用智能手机可以全天24小时联网，因此在他看来，在线和离线无法相结合的商店将会消失。所以在这种情况下，为什么还要区分网上商店和实体店呢？

万得城（Media Markt）数字店

一个习惯去万得城购买纺织品和电池的客人进入它的数字商店时，将会瞠目结舌。虽然小到只有400平方米，但这是一家最具未来主义风格的商店。在窗口引人注目的地方，一个机器人会将在线下单的物品放入商店的自动提货柜。店里的一切都围绕着自动化运营：顾客被和人类大小差不多的屏幕所包围，虚拟男女通过触摸菜单邀请他们浏览近5000类的各色商品。

除了挂着几部智能手机、平板电脑、配件和衣服的一面墙及一张桌子外，商品全部都在店中迷你的智能屏幕中展示。在2017年全渠道零售大会上，万得·土星集团首席运营官兼伊比利亚万得城首席执行官弗兰·里沃特声明："公司对数字化技术投入巨资。现在，我们拥有采用虚拟现实技术的巨屏，我们的3D打印机允许客户打印从海报到智能手机壳等任何他们想要的东西，我们还有让顾客自己动手的小作坊。另外，商店还采用了有趣的3D可视化技术。"

但万得城数字店并未就此止步，一个大型柜台可以专门为商业客户提供服务，一个单独的服务台则可以提供顾客想知道的关于技术的信息，店内柜台按产品类型划分（电脑、摄像机等），两个"快速通道"可供想要快速支付的客户使用。在技术尚未取代人工之前，数字店可以从个性化和人性化的服务中获利。

作为展厅的商店

有时，零售商会碰到一些这样的顾客，他们拿着手机进店，一眼看店中的商品，一眼看手机，这类消费者被称作是"showroomers"。对于这样的消费者，售货员一般不会理会他们。因为看到消费者对产品信息和价格了如指掌，售货员便不再想去了解消费者真正想找的是什么，因此也不会知晓消费者比对的信息是否正确。

一些零售商和他们的员工一点也不喜欢掌握信息的消费者到店里对商品进行比较。店家对此感到愤怒和沮丧，因而他们往往会忘记这位潜在的顾客有可能会进行现场购物。所以说他们应该热情一些，这毕竟是现场销售的绝好机会。

依据国际簿记师协会（IBA）2016 年的数据，在美国，虽有一半的成年人使用智能手机比较实体店和网店的价格，但大多数成年 showroomers 会从实体店购买所需的产品。另外，年轻的 showroomers 一代和年老的一代人的购物方式截然不同。消费者年纪越大，就越喜欢在商店购物。而对于年轻人来说，近 70% 的年轻人会在商店咨询相关信息，然后通过智能手机或电脑下单网购。

不管在何种情况下，顾客只要觉得自己被店员遗忘，或者感到店员对自己不理不睬时，便会毫不犹豫地离开商店。虽然我们知道消费者喜欢看、触摸和感受产品，但是购买决策在很大程度上取决于他们在商店中的体验。

虽然零售商和卖家喜欢以价格为借口来抱怨营业额下降，但对于 showroomers 而言，价格却不是问题。对于他们来说，产品信息的完整度和清晰度至关重要。在商店里，顾客获得的信息往往只有赞美，但在网上，他却可以了解同行买家对产品做出的差评。

在这种情况下，顾客到商店看、触摸或测试产品，然后根据对产品的最新评论和评分进行在线订购似乎是合情合理的。所以，如果顾客去零售商的商店进行咨询并在零售商的网店下订单，零售商也不会有所损失。不过，网络竞争异常激烈。

Made. com：只有展厅

英国在线家具销售公司 Made. com 是室内设计行业的干扰者。该公司委托年轻设计师设计家具和装饰品，并直接在中国投入生产。其网站上的所有商品都是 Made. com 制造的，没有中介，没有品牌或批发商的参与，没有大量的库存，有的只是建立在数据上的在线商业模式。

Made. com 销售店的设计也非常原创——将店面设为展厅。因此网站无法让客户享受舒适的沙发或感受服装质地的障碍很快就被克服了。或许你不打算来展厅，但你这样做的可能性只能说明你对 Made. com 的产品信心十足。这就是 Coolblue 首席执行官彼得·茨瓦尔特的“一目了然”战略。

在数字化尚未成为行业的标准前，实体接触点仍然可以提供附加价值，因为那是一个讲述品牌历史和文化的优雅之地，没有其他杂七杂八的东西。Made. com 在伦敦的展厅并不大，但整个空间都配备了触摸屏、平板电脑、二维码以及 3D 打印的迷你模型。Made. com 最大的展厅位于巴黎，但它依旧纯粹地是一种品牌营销战略，因为你在那里无法购买任何东西。

时尚界喜欢展厅现象。一些零售商设置了小展厅展示各种商品来吸引顾客。展厅的东西一般不会进行售卖，它们一般是一些原料、合适的剪裁样本和试穿品。卖家需要为客户提供独特的体验和服务，以促使其立即下订单。所以购物者在选择时如果能获得足够多的帮助，或获得他想要的服装的尺寸、颜色和材料等相关信息后，便会成为忠诚的顾客。

与其反展厅，倒不如将门店变成提货点

与展厅现象完全相反的现象是反展厅现象。研究表明，反展厅更受欢迎。如今，四分之三的比利时消费者通过不同的媒体渠道收集了大量信息，

然后再去实体店购买。

顾客在线进行初步的选择是为了远离商店喧嚣的环境，以便可以随时购物。这样做也可以使他们能够做出更有针对性的选择并避免在店内浪费时间。换句话说，当顾客做好准备来到商店时，对每个人都有好处。因此，零售商担心顾客仅将商店看作是展厅是没有根据的。荷兰银行 2014 年的一项研究表明，74% 的消费者离不开实体店。

零售商担心顾客仅将商店看作是展厅是没有根据的。

如果零售商不想守株待兔地等顾客光顾商店，就意味着他们必须通过不同的渠道接触顾客，并在顾客了解产品和做出购物决策的阶段向顾客提供他们需要的所有信息。这是吸引顾客到商店购物的唯一途径。不过，零售商不能就此止步。一旦消费者进入商店（包括线上和线下），他就必须能被独特的顾客体验和无可挑剔服务吸引才行。

反展厅现象对于食品业似乎是个例外。消费品市场研究公司（GfK）2016 年的数据指出，在 2014 年，仅有 10% 的荷兰消费者在过去 6 个月内进行过网上购物，而这个数字在 2016 年为 20%。由于提货点的存在，一篮子食物已经在顾客选择的地点和时间准备就绪。由于不必再在货架间搜索，不必再排队结账，不必再将购物车推到汽车那里，提货点似乎吸引了越来越多的人。

提货点不再只适用于食品行业，几乎所有网上零售商都会为客户提供在线购买和在最近的商店自提的机会，这大大降低了零售商和消费者的运输支出。但是，零售商必须确保自提点的服务水平无可挑剔。提货点的出现不是为了摆脱顾客，而是一种交叉销售，是增加额外销售量和增加购物数量的机会。

人才资源

尽管机器人可爱无比，但实体店的主要资产之一仍然是人才资源。尽管当今世界技术正发挥着重要作用，甚至技术开始取代人工，但什么都要依赖技术是不现实的，因为不可或缺的人力是不可能通过机器产生的。

个人购物是一个社交活动，可以引起互动和释放情绪。但几十年来这些概念一直被人们遗忘，现在应该立即回忆起来。我们不能再相信销售人员是廉价劳动力，无须接受培训，其主要工作是整理货架、打扫店铺和打标签等一系列的说法了。

在一家商店里，因为员工数量减少，所以任务就会变多，因此每个人都似乎很忙碌而无法为顾客腾出时间。在这种情况下，由于员工缺少时间，想要获得信息的顾客便自然觉得自己是个干扰因素，因此就会离店而去。而热情且微笑欢迎顾客的店员则会带来不一样的结果。

如果销售人员能够利用不断革新的技术进行销售，那么他便拥有了让每位顾客成为商店铁粉的诀窍。能够适当地帮助顾客并为他提供独特的体验是一门艺术，这需要通过一些努力才能做到。如果一个零售商过去不太重视这些方面，那么现在是改变策略的时候了。不要把这个战略看作是一种成本，而是看作对未来的投资吧！

荷兰奈耶诺德工商大学的凯蒂・克勒梅耶（Kitty Koelemeijer）教授说："拥有满意的顾客是不够的，高净推荐值需要的是顾客的惊喜，因此商家必须时常提供独特的体验让顾客感到惊喜。有两个因素决定了这一点：首先是顾客与友好、乐于助人、不太教条的员工之间的互动，不过这种互动既可将顾客体验变得有趣，又可将其体验变得可怕；第二个决定性因素是产品、惊喜度和性价比。"

道格・斯蒂芬斯在他 2013 年出版的新书《零售复兴》中区分了两类合作者。这两类合作者都是可以达成零售目标所需要的人才，他们是销售技术专家和品牌形象大使。销售技术专家是高科技零售环境的幕后力量，他将努力优化顾客购物体验。然而对我们而言，我们需要了解的是品牌形象大使。

品牌形象大使赋予品牌以生命。他们热爱产品，对产品了如指掌并竭力捍卫品牌。他们想方设法地和顾客建立牢固的关系，让顾客深信品牌历史。那些成功将员工变成形象大使团队的零售商将实现他们的零售目标。

对于零售商和品牌来说，至关重要的不仅是给个人提供机会，还要培训员工让他们具有同样的理念、使命和想法。如果顾客能够参与商家的决策过程，就会激发顾客的创造性和创新力。另外，低技能、低薪酬销售人员的时代已经结束，人才资源必须受到重视！

这意味着即使是没有营销预算的小型零售商现在也有机会获得成功。员工、品牌形象大使、高水平服务、适当的地点供应适当的产品，只要满足这些条件，成功就在你身边。虽然扭转趋势需要很大的勇气，但他们的努力终将取得回报。

一切依仗技术

CRU 是库勒鲁迪集团主打的生鲜手工商店，旨在恢复手工工艺和工匠的荣誉。这些“大师”就是时尚，他们采用个性化和人性化的方式工作，他们喜欢自己的职业和作品，也喜欢业余爱好者和业余爱好者的作品。这些大师渴望分享自己的经验；他们拥有专业的眼光，可以启发顾客，并与顾客保持联系。

工匠取代了匿名的员工，在商店中扮演重要角色。他们与客户互动，提供服务。如果顾客愿意，工匠会为顾客提供个性化服务。在 CRU，每个产品都是定制的，随时可以使用。因此，CRU 不仅为顾客提供个性化的建议和服务，它还为顾客提供了便利。

Torfs

我们也可以从Torfs那里感受它对雇员和对顾客的爱。近年来，它一直吹嘘自己是比利时的最佳雇主，不过它确实做到了这一点，它现在位列欧洲最佳雇主前十位。该公司致力于将员工打造成品牌形象大使，为此，它为员工提供培训，组织员工日、体育活动以及社交网络内部论坛。

Torfs的座右铭是："在Torfs，我们依靠360°的关怀；我们捍卫家庭价值、工作、理想、尊严，以结果为导向，打造企业的核心竞争力；我们希望成为员工的最佳雇主，成为顾客心中最好的鞋业连锁店，成为社会的最佳合作伙伴。"

这一策略使得Torfs留住了员工。

360°的关怀体现在七个价值观中：

- 真正的接触：用心去说话、工作，"成为"别人需要的人。
- 能够做到自己：在Torfs做自己很容易，也很独特！我们不戴面具，因为我们真诚。
- 归属感和家庭价值：像在自己家里一样，并成为团结家庭中的一分子。大家一起笑，一起哭，一起变坚强！
- 结果导向：做到最好！行动代表一切！
- 激情：我们热爱我们的职业！
- 自尊：鼓励会让你飞得更高，好言一句三冬暖，恶语伤人六月寒！
- 工作乐趣：从工作中感受愉快，笑声对你有好处。

智能城市携手零售业

如果要扭转颓废的购物街经济的败局，只有将商店出售或出租。购物街的面貌正在以极快的速度发生着变化，虽然各行各业的产能都在下降，空置陈列窗的数量在增多，但商业面积却在增加。

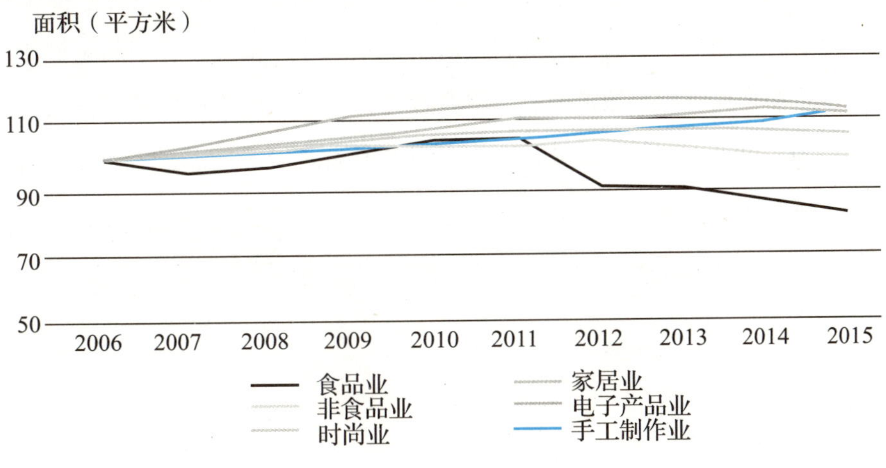

图 10　荷兰各行业库存平方米图

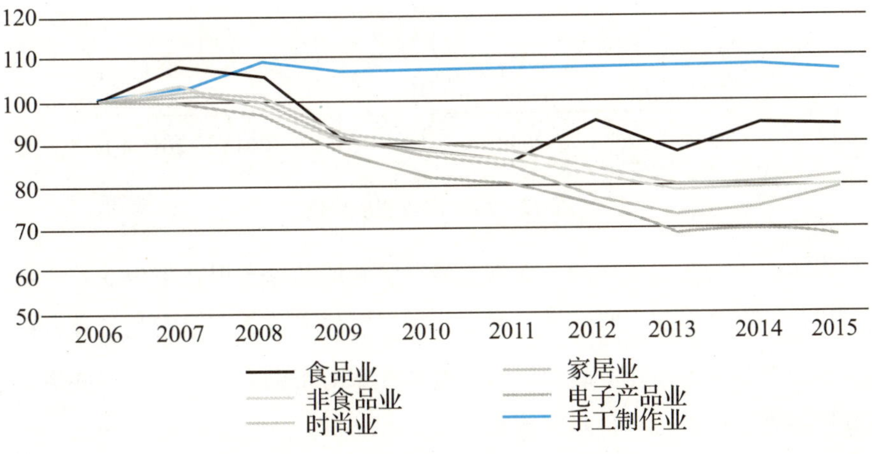

图 11　荷兰各行业生产能力

各地方政府纷纷绝望，当地零售商则不知该如何挽回顾客。只要政府和零售商一起工作，这些挑战就会成为一个扭转局面的机会。

空店和缺少顾客之间的问题是先有鸡还是先有蛋的问题

客户是否是因为空置商店太多而不愿意逛购物街？还是由于顾客越来越少而导致商店纷纷关门？无论是在比利时还是在荷兰，10% 的店面都是空的，而这种局面似乎不会有所好转。对于小型个体户来说，这个问题更加严重：在战略位置较好的地段开店，租金过高；在不太受欢迎的地区开店，很难与连锁店竞争。在较小的城镇中，空店也愈演愈烈，有三分之一的商店被出售、被出租或空置。

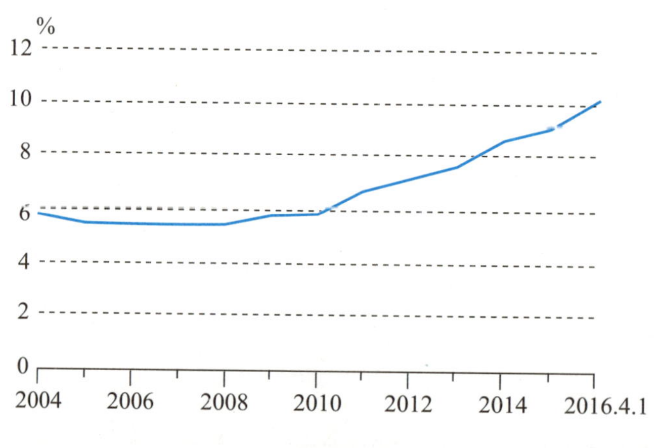

图 12　荷兰商业空店比例

当然，解决空置店铺的一种方式是吸引新的商家，但在零售业发生巨变的时代，这真是说起来容易做起来难。荷兰安特卫普省利尔市的行政管理部门寻求了专门从事商业空间销售的房地产专家的帮助。后者鼓励一些活跃的商家搬到空置地点，并将利尔重塑为一个有吸引力的购物城市。

荷兰城市罗森达尔明白这一点，空店是因为规划时留作商店的土地面积太大造成的，因此减少这种商业面积是可行的对策。但计划是什么呢？城市规划师里克·巴克（Riek Bakker）说："首先，我们在市中心周围划了一条新的干道。在以这条干道为直径的"内圈"里，商家可以随便吸引顾客。而在环外，尽管地皮便宜，也不能安排商店。因此，我们创造了稀缺性。这样做确保了商家留在市中心或街区中心。"

地理位置决定商业类型的作用不可小觑。实际上，地理差异不仅在西欧国家之间有所体现，而且在每个国家内部也存在差异。在德国广袤的大地上，面积较大且商业密度较低的地区，当地商人发挥了更大的作用。尽管城市化进程在加快，但农村，特别是中型城市并没有消失。

地理位置决定商业类型的作用不可小觑。

对于一个品牌来说，即使它希望能在小型城市立足，并成为顾客心目中的第一品牌，但它在这样的城市开设旗舰店是行不通的。品牌需要的是商店，而这正是许多大品牌卡壳的地方，因为它们正逐步淘汰批发，将重心移到了在线商店和自己的实体店面。在中型城市，品牌需要找到更多零售商来分销产品。在那里，超级市场是个折中的办法，既可以让顾客休闲购物（在城里慢慢购物一天），又可以让顾客快速购物。

对于购物街来说，微电子商务也有其优势。由于不需太大的商业空间，租金相对较低，因此在人流较大的场所开设自己的商店对于许多商人而言是可承受的。因此，提供种类齐全且多样的产品的街边商店将吸引更多的顾客。

快闪店：有效地利用空间和提供新鲜感

虽然对闲置店铺治理的成效不是一夜间就能显现出来的，但快闪店的出现则犹如一场及时雨。一段时间以来，快闪店的发展顺风顺水。一些商家开设快闪店来测试新产品，而另一些则认为快闪店是开创新业务的跳板。如果快闪店能够达到目的，它们就会消失；如果达不到目的，它们也不会浪费太多资金。越来越多的商家在考虑将快闪店作为折扣店，这是一种快速处理过季物品的便捷方式。

大型零售商也看到了快闪店的好处。在伦敦的肖尔迪奇（Shoreditch）附近，阿尔迪开了一家专门销售葡萄酒的快闪店。这是阿尔迪第一次开设只提供一种产品的商店。在巴黎，宜家开了一间快闪餐厅。该餐厅内部的装修不仅用的是宜家产品目录中的商品，而且提供的菜肴原料也来自宜家。一些服务商则将快闪店当作是销售渠道。当荷兰航空公司在安特卫普的梅尔开设“航空和铁路”快闪店时，其竞争对手布鲁塞尔航空公司急忙在Stadsfeestzaal购物中心开设了自己的快闪店。

跨国公司将快闪店视为理想的营销工具。三星在阿姆斯特丹的购物街（Kalverstraat）开设了一家快闪店，销售一种产品，即虚拟穿戴设备（Gear VR）。原浆番茄酱生产商爱乐维亚（Elvea）开了一家“Elvea店”，它不卖产品只是为了能与顾客直接接触。宜家为了迎合哈瑟尔特人的口味，在商店正式开幕前几周，开设了三家快闪店：一家专注于设计，一家专注于儿童，另一家专注于著名的Köttbullar肉末丸。

运输和物流需要便利的交通

购物城市的基本标准是什么？零售专家毫无疑问地会告诉你三个答案：产品多样性、休闲活动多样性（餐饮、活动、好奇心），还有最重要一条——便利的交通。

就最后一个标准而言，比利时和荷兰是欧洲Inrix排名中第一位和第二位交通最不便利的国家。比荷卢经济联盟中受交通堵塞影响最严重的前15个国家的 5 个代表城市分别是：安特卫普、布鲁塞尔、乌得勒支、海牙和鹿特丹。糟糕的交通正逐渐开始对整体经济，特别是市中心的商业产生负面影响。

停车场：移动性即服务

谈到购物，停车场扮演着重要的角色。因为欧洲所有停车位加起来的总面积等于比利时国土面积的一半，所以付费停车的支持者和免费停车的支持者之间难免会有一场争论。虽然荷兰零售公会倡导免费停车，以吸引低收入家庭进城购物和间接减少空置店面的数量，但学界认为情况并非如此简单。

来自鹿特丹伊拉斯姆斯大学的科尔·莫林纳解释说："商店和购物中心对于顾客来说必须具有吸引力才行。目前，顾客愿意花时间到购物中心、商店和餐饮、文化和休闲场所逛逛，但你必须给顾客一个理由。当他遇到停车难、停车设施不足或付费停车等障碍时，他很快就会失望，并开车去寻找能够免费停车的商业区。

然而，对于上述停车困难的问题，加州大学洛杉矶分校的唐纳德·舒普（Donald Shoup）教授则表示，付费停车场是一个解决方案。由于司机要在纽约的免费停车场找到一个空位之前要转一圈左右，所以他在《高成本的免费停车》一书中指出，解决这一问题的方法是收取少量的停车费。具体应该收取多少钱呢？这完全取决于需求。据舒普介绍，为了不让司机花很长时间寻找停车位，停车场应该预留 15% 的空位，而停车费应该根据此数据来制定。

莫林纳的同事吉利亚诺·民伽多（Giuliano Mingardo）认为，停车位是市政府用来控制汽车流通的主要工具之一，提供免费停车服务意味着城市失去了控制汽车进城的权力。此外，免费停车虽然可以使得周边居民开车进城的数量增加，但会导致城内居民停车难的情况。

因此，付费停车场不仅仅是收入问题，它还涉及对可用空间的有效管理。随着收入的增加，城市可以加大投资以提升地区吸引力。城市规划师认为不应该提供免费停车服务，因为提供免费车位意味着账单来自别处，换句话说，公民或消费者将要为免费停车买单。因此，可以提供免费停车服务的城市数量非常有限。莫林纳说："市政府不同意在市中心设立免费停车场的一个原因是为了支持中产阶级，因为目前缺乏证据表明免费停车对提升顾客量和/或商家营业额能造成直接影响。"

为了调解免费停车派和付费停车派之间的矛盾，城市可以投资智能技术。几年前，科特赖克市（比利时-城市）在市中心设立了 Shop&Go 停车系统。该城市有超过 200 个停车位配备了传感器，用于记录汽车到达的时间。司机有权享受半个小时的免费停车，但如果超过此时限，警卫人员将立即被通知。停车应用程序还会引导司机找到空位，并在快到半小时时提醒他们。虽然顾客在店内逗留的时间不可能太长，但这个系统可以提升商店的客流量，并不断地更新可用停车位。这个系统之后成功蔓延开来，因为布鲁日已经在其老城区推出了类似的试点项目。

就马斯特里赫特（荷兰东南部城市）而言，它已经证明在不影响商家的情况下，足够的基础设施可以让市中心的交通变畅通。马斯特里赫特为了尽可能地让城外的汽车进城方便，在离市中心 300 米的地方开设了停车场，该停车场价格只有市中心的一半。对于郊区停车场，城市则提供巴士到市中心的班车服务。Q－Park 公司首席执行官弗兰克·德·摩尔（Frank De Moor）表示："得益于马斯特里赫特那样的城市停车场的概念，优化城市停车能力变得很容易。就停车费率、便利性、车位、公共交通（以及骑自行车或步行的可能性）等问题与市政合作，可以在正确的时间和地点为目标群体提供全面的解决方案。"

iMinds 主管兼佛兰德和布鲁塞尔智能城市负责人皮特·巴隆认为，城市、政府和公司必须一致地将移动性视为一种服务。在芬兰，23 家组织将它们的移动数据放到了 MAAS（移动性即服务）平台上。巴隆便以此为例讲道："通过对私人交通工具（汽车或骑自行车）、共享运输（汽车共享、自行车出租服务）、应邀运输（出租车）和公共交通（火车、电车、公交车、渡轮）等选择进行分析，数据最终得出了动态路径规划。"技术可以应用于交通领域，为人类提供移动服务。

城市、政府和公司必须一致地将移动性视为一种服务。

免提购物

通过商店的一些新理念，我们看到零售商愿意为顾客做额外的努力。以美国在线男装 Bonobos 为例。众所周知，因为 Bonobos 有时无法提供合适的尺寸或无法提供容易搭配其他衣服的服装，所以广大男性并非其狂热买家。

出于这个原因，该公司创建了 Bonobos 指南商店。该店允许客户与专属助理预约，让后者帮助他选择衣服。另外，为答谢顾客，购买的产品会配送到顾客家中或办公室。没有压力，最重要的是没有包包要提。Bonobos 对免提购物的未来有着坚定的信念。

免提购物正在其他许多地方进行实验。例如，根特市（比利时一城市）正在投资一个自提柜系统。购买的物品将会放置在城市郊区停车场附近的自提柜中，剩下的便是购物者在回家路上将货物从中取出后再放到自己的行李厢中。每一位从零售商那里购买商品的顾客，都不用再提着袋子了。通过这个系统，根特市希望鼓励更多的消费者到市中心的商店购物。

另一项倡议源于安特卫普的初创公司 Parcify。该公司侧重于对在线订购的产品进行配送。如果你经常在网上购物，那么总有收不到包裹的一次经历。Parcify 希望针对这个问题提出解决方案，它在线接收你的订单，然后按你希望的时间和地点进行配送。

不同的配送方式

居民、游客开车进城购物并不是造成城市交通拥堵的唯一原因。如果我们希望我们的城市畅通无阻，那么物流运输就不能给交通带来压力。直到最近，我们认为给交通带来压力的是给市中心商店供货的卡车。但今天，问题远不止于此。随着电子商务的飞快增长，现在需要大量的货车配送到家或配送至办公室。此外，物流问题对于生产商、零售商和投资智能交付技术的城市来说也是不能忽视的问题。

最具标志性的交付方式当然是无人机，但解决方案不一定非要太未来主义，有时需要在常规的基础上提出一些切合实际的解决方案。最近提出的一个方案是城市集中运输。为此，安特卫普想要建立一个“流动性市场”，即一个可以集中送货的平台。在梅尔，10 家商店由 10 辆不同的卡车送货。如果这些商店合作将 10 辆卡车减少到两辆卡车的话，情况又会如何？

在伦敦，Q-Park 已经配备了冷藏柜配送取货系统。通过该系统，新鲜农产品可以在市中心交通高峰来到之前交付，然后商家再到设于市中心的冷藏自提柜取货即可。据该公司称，这种方法不仅减少了尾气排放和交通拥堵等问题，还减少了交通拥堵给商家和购物者带来的压力。智能城市配送，这是诸如 CityDepot，Bubble Post，EcoKoerier 这些公司经营背后的核心。生产商、进口商或批发商的大货车先将货物配送到郊区的仓库，然后再对货物进行分类，最后城市配送由更环保的小型车辆完成。

自行车配送正在崛起，但我们并不只谈论 Deliveroo、Foodora、Allo Resto 或 UberEats。例如，迪卡侬的根特子公司使用三轮自行车或电动货车为骑自行车来购物的顾客进行配送。Mijnwebwinkel 不仅已经帮助不少于 38 000 个小商家创建他们的网店，还与 Fietskoeriers. nl 签订了一份配送合同。因此小型电子商家现在也可以像 Wehkamp、Coolblue 和 Bol. com 一样提供“当天配送”的服务。

市中心，一个户外购物商场

长期以来，零售商一直强调便利与体验、舒适购物与购物体验的区别。消费者可能因为这两个因素的中的任何一个因素而选择到室内商店或者户外购物中心（市中心）购物。但如果消费者选择去郊区的购物中心购物，那就只为了一个原因——便利和体验。如今，购物中心比市中心更受欢迎。

巴隆写道：“购物中心和市中心之间的战争焦点是体验问题。对购物中心而言，体验就是完整的客户旅程：定位（考虑购物的地点），去程（交通工具和停车），购物（漫步、搜索、选择、支付和享受娱乐或两次购物之间的休息）以及回程（流动性和售后服务）。一个购物中心有许多吸引顾客的秘籍，它可以相当容易地提高自己的知名度，它能够提供优惠的停车服务，它可以提供购物导向，它还可以引入各类商家来开设带有露台的商店等。”

理论上，城市应该能够做到这一点。笔者觉得智能技术可以帮助城市缩小与购物中心的差距，甚至取得领先。笔者认为：“城市需要将客户体验（真实性、更独立的商店、多样性和高质量）与完整的数字化客户旅程相结合。这样就可以通过智能停车系统，通过对客户的了解，通过传感器、信标和应用程序来绘制客户旅程地图。此旅程可以是匿名的或完全自定义的。总之在逛完第一个或第二个商店之后，智能系统已经可以检测到了你的身份特征（性别）和你正在寻找的产品。”

城市需要将客户体验与和谐及智能的客户旅程相结合。

在为消费者提供免费 Wi-Fi 的城市中，第一批计划正在慢慢浮出水面。比利时的一个类似计划是为鲁瑟拉勒和奥斯坦德研发了智能城市应用程序。这个程序首先可以指引消费者到最近的可用停车位（当然，可以通过智能手机支付停车费）。当消费者进入商店时，他的智能手机屏幕上会立即出现优惠信息。另外，该应用程序不仅绑定了消费者所有的会员卡信息，它还允许客户在线支付、预约或下订单。

智能城市应用程序不仅让鲁瑟拉勒赢得了“比利时智能第一城市”的称号，而且当地政府和零售商也通过补贴、吸引新的商店等方式成功地将市中心再次打造成了零售中心。鲁瑟拉勒在短时间内成功地减少了闲置商业空间，同时消费者的数量也得以增加。鲁瑟拉勒采用的方法也成为伦敦“闲置商业空间”学术会议上的一个国际范例。

然而在实践中，城市数字化仍然是一个棘手的问题。虽然谷歌的母公司希望通过人行道实验室（Alphabet Sidewalk Labs）推广数字化城市，但它首先必须协调好城市数字化和“既定利益、政治和现有基础设施”等问题之间的矛盾。出于这个原因，人行道实验室以“阻止技术的发展是不可能的”为名，计划建立自己的数字化城市，并在那里对智能停车系统、公共交通、能源消耗、安全和隐私等问题进行测试。

第5章
零售业的未来：寻找属于每个人的利基

对于创新企业来说，传统零售商的消失与从零开始是同义词。因为大家都在创新，所以选择创新不再是成功的秘诀，但创新是成功的必要条件。

因为变化越来越快，竞争无处不在，所以仅改变原来的发展路线是不够的。谁在适当的时候不创新，谁就没有支配权，就会被无情地抛弃在一边。胜者为王，但败寇没有生存的机会。诺基亚、黑莓、雅虎、Neckermann. com和其他许多公司花了不少学费才了解到这一点。微型跨国公司是新标准，取代了原有的大型和重型结构。

从公司划分市场份额的那一刻起，获得支配权才具有意义。由于个性化的世界不缺利基，因此成为自己所在利基市场的领头人是关键。近几十年来，尽管创业公司都面临新的机遇，但只有创意商家才能掌握新的游戏规则。

浴火重生的小型强劲企业

根据德勤2016年零售业波动率指数，在传统大型零售商受挫的情况下，越来越多的新商家通过平台，或者通过开设自己的新店而获得了市场份额。

如今，因为在互联网上开店和利用闲置商业空间开设实体店越来越容易，所以新型零售商在这种便利中受益匪浅。

城市和业主对快闪店入驻闲置房产拍手称赞，而在线平台则因为小商家或初创公司使用其平台而赚取了大笔利润。小型商家同心协力，逐步地颠覆了传统的市场。

根据德勤的说法，他们的实力来自数量。

为什么新型小型企业能在当前竞争激烈、利润率低和价格受创的环境中取得成功？因为它们精准地避开了血腥的价格战并且改变了游戏的规则。

根据德勤对2010—2015年间在美国上市的80家零售公司的分析，销售额和EBITDA（税息折旧及摊销前利润）长期大幅上涨（5年内）的公司似乎是那些给人独特体验的商家。换句话说，那些提供的产品和体验有别于其他商家的公司，在收入和EBITDA方面都实现了增长。

对于那些只注重价格和舒适度而不关心体验的商家，他们的营业额仅略有增长，而他们的EBITDA不仅没有提高反而有所下降。因此，德勤认为体验是吸引消费者的关键因素。

这种现象的原因是什么？第一，消费者现在可以在互联网上找到自己所需要的一切，因此即使价格优惠，如果不能提供客户体验，如果产品没有附加价值，他们也是不会买账的。另外，消费者对网上可以提供无限量产品的事早已司空见惯，除非网上的商品能给人印象深刻的体验。

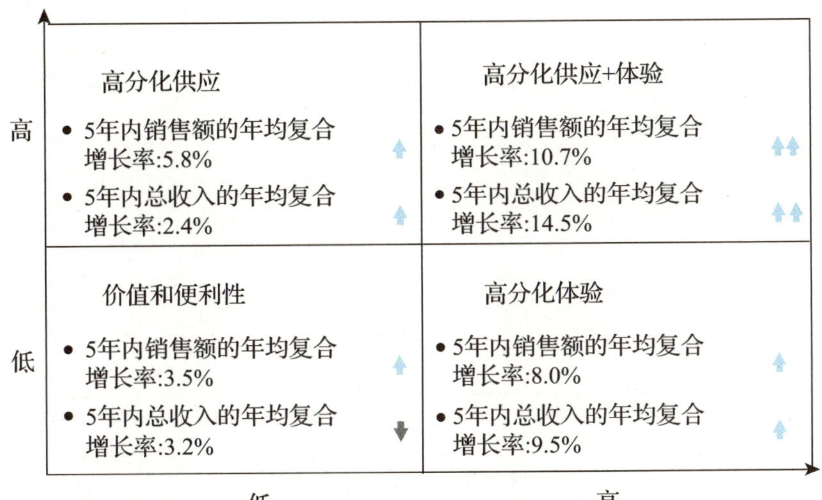

图 13 年均复合增长率

坦率地说，商店堆满鞋盒是不会给人舒适感的。要是没有出色的导购员帮你做出选择，你可能会有些不知所措。在这种情况下，你肯定更愿意上网，因为只需点击几下，含有你喜欢的颜色和尺寸的一系列照片就会出来。这种感受比在鞋店中找鞋好多了。

第二，自危机以来，低价格已成为趋势。更糟糕的是，自西方国家购买力急剧下降和消费者信心不足以来，我们已经学会了其他消费方式。“可持续消费”这个词近来嗡嗡作响，它意味着个人对消费更加具有环保意识。正如我们在第 2 章中看到的，消费者更倾向于在体验和服务上多消费而不是在产品上。

第三，消费者只喜欢特别的产品：特殊的价格、非凡的体验、卓越的品质。因为消费者习惯了勒紧裤腰带过日子，所以零售商如果想盈利，就必须满足其中一个条件。

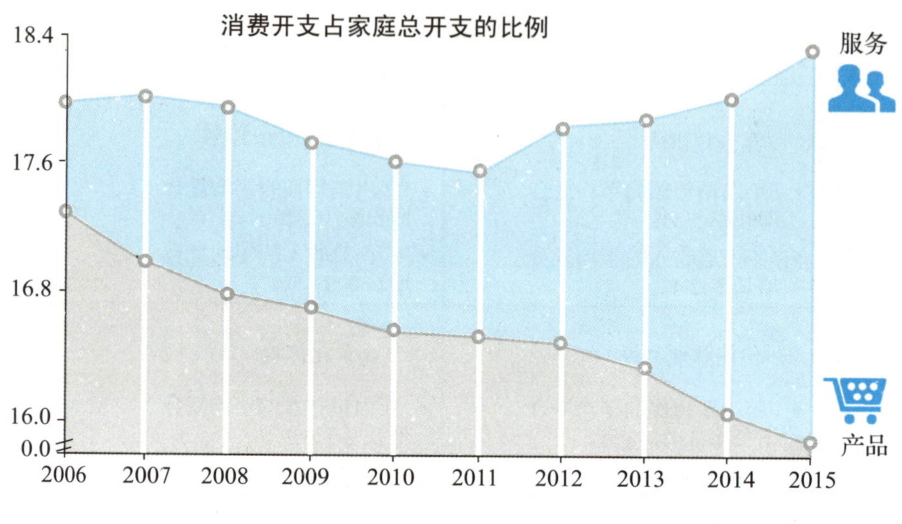

图 14　产品和服务消费情况

微跨国公司

最近 20 年一直是大型跨国公司引领市场，但今天，新时代到来了，小型跨国公司占据主导地位。直接投资的可能性、互联网技术的可用性以及在线创业的简单性大大降低了我们开创事业的门槛，现在可以用更少的东西做更多事情。当脸书收购 WhatsApp 时，WhatsApp 仅有 55 名员工，却拥有不少于 4.5 亿名用户。

目前，大多数年轻人不再考虑公司经营的边界，他们直接想到的是全球化。你无须非要与自己的顾客或员工生活在同一个国家，也许你的顾客在中国，而你的员工可能在监管印度市场。即使是对于 C2C，边界也正在消失。例如，2010 年美国易趣（eBay）85% 的卖家来自 5 个不同的国家，而 Etsy 和 DaWanda 等平台允许希腊珠宝设计师在罗马尼亚和美国斩获知名度。

联合衣柜（United Wardrobe）：二手货的市场

2014 年 1 月 15 日，三名荷兰学生推出了允许消费者购买和出售二手服装的“联合衣橱”在线平台。该平台的运作不仅与其他二手市场一样，而且它还可以充当安全缓冲区。换句话说，买家的钱不会直接打到卖家账户，只有在买家确认收到货后，钱才会支付给卖家。

2017 年 3 月，“联合衣柜”的总销售额达 450 万欧元，拥有约 60 万名用户。继荷兰之后，该公司已入驻比利时和法国，并计划进军德国和英国。它的最终目标是在全球范围内推广自己，并成为 H&M，Zara 和 Primark 等品牌谈虎色变的竞争对手。作为 Y 世代的一员，“联合衣柜”的年轻创始人认为短暂的时尚是奢靡的，所以他们希望建立一种可持续的再应用模式。我们可以预见“联合衣柜”将因为自己的成功而作茧自缚，因为消费者越重视服装的可持续性，二手服装的供应就越稀少。

这个跨国公司的前身是乌得勒支的一家邮局，拥有 15 名全职员工。该公司希望在 7 年内能出现在每个欧洲国家的首都。与此同时，它的法国分公司则通过电话和法语区管理人员在乌得勒支管理运营。

这有问题吗？不！年轻的企业家们反认为这是一件好事，因为灵活性是“联合衣柜”优于其竞争对手的优势。另外，这帮年轻人对工资没有太多要求也是一大优势。虽然公司没有盈利，但创始人并不认为这是一个令人尴尬的因素。他们以海外技术创业公司的模式为蓝本设定了自己的目标：继续扩张，吸引投资者，持续增长三到四年，最终希望能够被一家大型公司收购。

盈利的重要性越来越小，至少我们是这样看待像亚马逊和优步这样市值估价十几亿的巨头的。优步仍然处于亏损状态，而每个人都在想亚马逊是否会盈利。一些经济学家认为，现有的计算原则并没有充分体现平台经济创造的价值，因为现金和 EBITDA 仍然是投资者、银行和员工希望看到的参数。

还需要多长时间，金融家愿意为出现亏损的公司注入资金？还需要多长时间，债务结转不再是一种选择？互联网怀疑论者依旧无法摆脱千禧年的互联网泡沫阴影，而支持者认为互联网技术现在已经成熟并能预测风险。如果像亚马逊，Zalando 或阿里巴巴这样的平台破产，那么将导致无数的企业破产。

平台经济

通过平台，我们进入共享经济模式，消费者可以向消费者（C2C）甚至企业出售产品。产品从生产者走向消费者的传统金字塔已经倾斜，今天，供应商和需求者之间的界限在消失。这种情况也为品牌商和零售商提供了新的机会。

越来越多的品牌鼓励消费者分享和重复使用它们的产品。例如，Petit Bateau 为用户提供了一个向其他用户重新销售服装和内衣的平台。Petit Bateau 希望通过这一举措来延长产品的使用寿命，并希望通过低廉的价格让低收入家庭购买自己的产品。最终证明，它的短裤和衬衫在很长一段时间里品质依旧。

目前，这主要是从可持续发展的角度来发展共享经济的。但还有其他的方式来发展共享经济，并可以让品牌或零售商参与其中（主要是从资金和维护企业形象等方面来讲）。因此，为什么一个服装品牌不要求它的顾客为服装创造配件，然后再以品牌的名义进行销售呢？

在荷兰，Lena 提出了通过订阅服务来借用服装的设想。2014 年，它在线上和线下同时推出了服装图书馆。但是，为了使这个图书馆有利可图，它必须出售服装。当服装让消费者感到满意时，消费者可以将它买下。虽然 Lena 的实体服装店位于阿姆斯特丹的 Westerstraat 大街，但该公司也致力于为其他地方的客户提供服务。出于这个原因，Lena 不仅开设了网上服装店，还与其他商家合作，开设各种交换点。顾客可以在其他商店、大学餐厅交换他们的包裹。

小规模的利基商家可以通过一站式商店获得知名度，并可以自由地在他们认为合适的平台上定义自己的市场。但在平台和互联网商业中，地方和国家级的商家创建一站式商店既不实用又不现实。借助平台广泛的影响力，商家可以走专业化的道路，因为即便是在利基市场中，若能得到足够的关注度，最终也是可以获得盈利的。尽管如此，还是建议你对平台系统保持警惕。想一想谁拥有你的数据？想一想作为供货商的你在多大程度上可以获取该数据？

长尾理论

摆脱传统商业模式束缚的购物者知道他想要什么。感谢搜索引擎，他从未如此容易地可以找到自己想要的东西。相反，供应商也有机会向消费者提供不太畅销的产品。由于地域限制消除了，因此产品销路变广了。

一般来讲，零售商和生产商专注的是需求曲线的顶端，即销售额和营业额达到的最高点。然而，随着网络商务的出现，克里斯·安德森在 2016 年提出了“长尾理论”，即需求曲线尾后的空间与顶端下面的空间一样多。安德森认为在 21 世纪，西方世界的经济已经从大众消费过渡到了利基经济。但是，要满足需求并非易事，毕竟有限的仓库堆积着无数的产品，因此必须要对庞大的、滞销的库存进行管理，并在正确的时间将正确的产品提供给正确的人。

搜索引擎可以更轻松地搜索产品，并提高利基产品及其销售商的知名度，从而降低营销成本。此外，在电子商务环境中，由于使用的是集中式仓库，或者直接代发货，所以库存成本远低于实体店的成本。另外，得益于大数据，现在对利基产品的需求可以被越来越准确地估算出来。不过，大数据意味着要在数据分析和搜索功能方面进行投资。

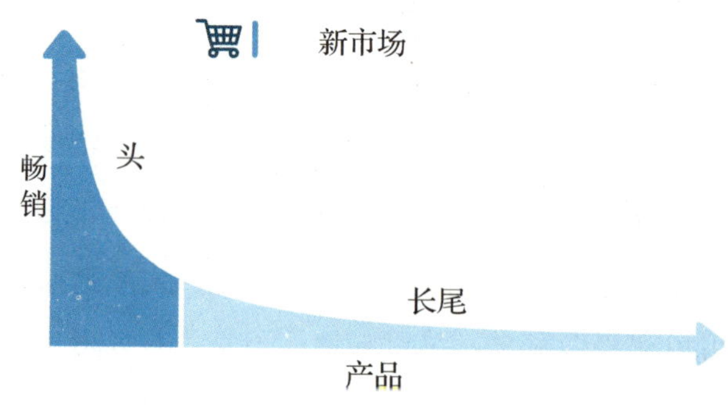

图 15　长尾模型

在纯实体商业中，由于营业额是以每平方米销售额为标准计算的，因此商业面积不能被闲置，每一寸商业面积都要被利用起来以确保商店盈利才行。但是在线却不同，在线营销的产品数量可以是无限的，同时在线商店还可以提供需求量不高的产品。不过想要提供多样化的产品，就必须降低营销和分销成本。在长尾理论中，商店里的产品组成了曲线的头部，而尾巴则由无限的虚拟货架构成。

根据“长尾理论”的提出者安德森所言，我们正在从一个大众消费品市场发展到一个由数百万利基构成的市场中。

根据“长尾”理论的提出者安德森所言，我们正在从一个大众消费品市场发展到一个由数百万利基构成的市场中。安德森认为，为了保持盈利，就要对大众消费品和利基产品进行预测。这对于个人利基而言，不仅风险高，而且销路有限。为了平衡这两个不利因素，需要具有低风险和销量好的流行产品。

由于网络规模和效应的优势，一些商家可以不停地变强，因为他们销售得越多，他们的销售成本就越低。当销售成本足够低时，他们可以将这种策略应用于小众产品上，并使自己有更长的尾巴。安德森称这些商家为“聚合者”，如亚马逊、谷歌、阿里巴巴、Netflix 等，他们将利基产品和利基商人聚集到一起，并使他们很容易被消费者搜索到。聚合者保障了利基的发展。

成功的产品和利基之间的这种平衡对全渠道零售商非常有利：在实体店中，他们可以继续提供一系列热门产品；而在线上，他们可以提供不常见的产品（不畅销产品或者特殊型号的尺寸）。如此，一个品牌不仅可以通过实体店获得知名度，而且昂贵又无利可图的库存还不复存在了。亚马逊便是这样做的。纽约的亚马逊书店现有3000本库存，但根据安德森2004年的调查，那时亚马逊网上卖出的畅销书达13万本，占总销售量的一半。

A. S. Adventure 户外服装网站不仅采用品牌供应商合作建立的直接代发货系统，而且消费者还可以在线找到不同型号或不寻常尺寸的产品。监管 A. S. Adventure 和 JUTTU 的零售概念集团电子商务经理托马斯·瓦尔顿（Thomas Vaarten）认为：“由于我们的规模优势和我们在零售领域的长期经验，我们已经与一些品牌达成了合作伙伴关系，以便在线提供各种颜色和型号的产品。因此，即使对于那些身材小于或大于平均身材的顾客，我们也能够提供独特的购物体验，还无须购入大量库存。这有利于顾客、零售商和我们。”

问题是想要特殊型号的顾客是否有耐心等待货物配送。H&M 在对不寻常型号的衣服做了一次推广后，受到了各方面的攻击，最后只好在线出售这个系列。

提供服务的零售商

利基和超专业化

大众市场库存滞销，商店提供的商品几乎毫无二致，对此，消费者将目光转向了原创性、本土性（这是年轻一代生活方式的两个特征）和个性化产品。

消费者重新发现二手店的魅力，并再次开始在本土市场购物。著名零售商库勒鲁迪深信专业化和利基贸易具有未来，为了不错过良机，它已经推出了自己的利基品牌 CRH。相比之下，普通零售商则损失惨重。连锁酒店米特拉不得不申请破产，而威登·迪巴乔百货公司已经破产。相反，De Bijenkorf（蜂巢）打出奢侈品和科技牌，设法吸引外国买家。而专业酒类商店正在网上和购物街重修店面，它们巧妙地迎合了杜松子酒的时尚潮流和威士忌的盛名（这些表明当前消费者的怀旧倾向），唤起了过去时代的生活氛围并向消费者展示某一变革时期的传统手工艺技术。

另一个例子是比利时内衣品牌 La Fille d'O。虽然危机使得许多品牌濒临破产，放弃计划，但 La Fille d'O 的创作者穆里尔爱·谢勒（Murielle Scherre）却在继续拓展业务。她推出自己的服装系列，在安特卫普开设了第二家精品店，还在美国开设了销售点。La Fille d'O 本土化和透明化的产品证明了原创和不妥协的风格，对此它也并没有做出任何让步。在资金方面，谢勒避免了投资者的干涉，优先选择众筹。

当然，“利基”并不意味着“高品质”。当利德宣称它不是一家折扣店而是廉价生鲜卖家时，这也意味着它在走专业化和差异化的道路。此外，由于技术上的可能性，创业的阻碍越来越小。因此如果愿意的话，任何人都可以在一天内成为商人。从实体店方面讲，快闪店改善了这个行业的入行条件。

多样性的服务

床上用品制造商欧品（Auping）目前正在尝试提供床垫出租服务，并将这种想法传达给了酒店或者个人，因此二手床垫将被送到欧品而不是垃圾站。欧品想要达成的目标是在 2020 年完全成为可持续发展的公司。作为原材料的所有者，欧品进入了一个循环的商业模式。这一转变表示欧品在向服务业转向。欧品认为产品本身不是首位的，提供舒适睡眠的相关服务才是公司最应该关注的事情，床垫不过是舒适睡眠的附属品。

这也是飞利浦与建筑师托马斯·劳（Thomas Rau）合作时所发生的事情。当劳为他的办公室照明计划联系飞利浦时，他不要求飞利浦给他提供灯具，而是提供光源。劳需要他的建筑物中每年有几个小时的特定光照，但不管这光是否需要灯、电或其他东西。劳对某一特定产品不感兴趣，但是在照明方面，他愿意为光付钱，仅此而已。飞利浦研究了劳的要求，并和他共同设计了照明租赁系统（Pay-per-Lux）。这是一种非常高明的想法，因为这种系统允许消费者为光照付费，而不是为灯具付费。以某种方式订购光照，这使得飞利浦成为服务提供商，而不仅仅是灯具商。

劳的要求不仅关注可持续发展，也完全符合新一代人的生活方式——简约主义。繁忙且要求苛刻的当代消费者需要的是服务，并愿意支付一定的费用得到它。德国麦德龙集团这样的大型零售商意识到，相对于产品促销，满足个人需求是一种更可持续的模式。首席执行官奥拉夫·科赫（Olaf Koch）

甚至说：“关键是人，而不是产品。我们希望不再是一家提供产品的公司，而是希望成为一家提供服务的公司。

关键是人，而不是产品。

提供服务的商人，他们可以超越价格战和最低价格论的束缚。“独特的销售主张”不再注重价格，而是要寻找更好的解决方案来满足顾客的需求，因为顾客愿意花钱享受舒适的服务。麦德龙集团还指出，通过其面向服务的新模式看，利润不再来自销售的产品，而是来自提供的服务。换句话说，产品利润低的现实可以通过提供服务来弥补，因此服务成为收入的新来源。

由于价格上涨、缺乏创新以及购物者对产品缺乏兴趣等因素，市场上商家提供的商品的相似度非常大，所以服务是一种用来和竞争对手一较高低的方式。阿尔伯特海津、亚马逊、Bol.com 提供的配送服务，以及家乐福、库勒鲁迪和阿尔伯特海津等零售商提供的餐饮套餐都是一种服务。

在面向服务和面向个人的商业模式中，潜在增长也有利于增加购物者的钱包份额，这不仅是因为产品的市场份额增加了，消费者的期望也通过一切手段得到了满足。市场不再由产品构成，而是由顾客构成。对于品牌/零售商而言，服务是饱和了的西方市场能持续增长的解决方案。因此，随着 Zalo 的推出，Zalando 推出了自己的个性化购物服务。换言之，客户购买的是服务和产品这一套而不是分开购买产品和服务。Zalando 是一个向消费者提供服务的服务商，它的这一举措获得了消费者的青睐。

Les Rebelles d’Anvers 是为比利时服装设计师的粉丝们开设的快闪时尚店。这个概念背后的两个女人艾美丽·维维肯（Emelie Vervecken）和维勒·斯帕朋（Veerle Spaepen）希望通过每个月收取固定费用来为粉丝们提供租借设计师设计的服装的服务。由于价格合适，所有的衣服都可以被租出，客户只要小心穿戴它们便可。Filippa K 参与后发现这个计划是可行的，因为奢侈品牌太昂贵了。维维肯和斯帕朋认为，“租借衣服就像是交换或循环利用，发展行情顺风顺水。我们同 Filippa K 合作，是因为它契合我们创建永久、简单、生态时尚的初衷。”

零售商不过是分销链上的一个环节，但当他提供服务时，他便超越了这一角色。耐克是最早从运动品牌转型为技术和服务公司的企业之一。除了运动服外，该品牌还通过提供应用程序、培训和指导视频、专家帮助、快闪健身中心及为粉丝们举办活动等服务赢得了公众的青睐。这样一来的结果是，公司近 30% 的销售额来自面向消费者的直接服务，而这一数字在 2014 年只有 19% 。

在服务方面，其他品牌继续选择获取本地声望和接近零售合作伙伴等非直接服务的方式。今天，像范登博雷、Exellent 和 Coolblue 这样的零售商，它们会为消费者配送和安装电子设备。而美诺除了推出了自己的网上商店外，还继续要求它的贸易伙伴为顾客配送和安装。

C2B：消费者提出需求

“让购物者定义产品”，对此爱立信首席执行官萨斯基亚 · 凡 · 乌费伦（Saskia Van Uffelen）表示：“商家决定提供什么的情况将会发生巨大变化。为什么不让消费者创造自己的产品呢？不把生产控制权交给消费者完全是荒谬的，因为只有消费者知道自己想要什么以及如何获得想要的产品。”

“产品是用来销售的，消费者不想要的东西是卖不掉的。”长期以来，我们看到的一直是这种间接的、相当复杂的销售模式。但今天，一切都可以更直接地完成，因为品牌与消费者之间的关系已是双定向的了。通过社交网络、评论、众筹等方式，购物者可以与零售商进行对话并分享他们的愿望。消费者可以为公司创造价值，消费者对企业的模式（C2B）诞生了。

有偿地完成调查，向公司出售自己的照片等，所有这些交互行为都会使得传统价值链逆转。这再一次证明了消费者不再处于金字塔底层的位置。消费者成为微型企业，他们可以为品牌创造或生产产品，或在市场上推出共同合作的产品。

阿里巴巴创始人马云指出，目前的市场在向 C2B 转变。在 C2B 的市场，一切都围绕着用户展开，即产品定制。据马云介绍，竞争不再只是价格竞争，而是变成了价值竞争。马云认为，消费者比以往任何时候都有更明确的需求。因此，他很早就倾向于销售顾客选择出的 10 000 种不同的 T 恤，多过出售 10 000 件同一样衬衫。据马云称，零售业的未来依赖于大数据和卓越的物流。

在未来，服务和销售将被个性化。在 Priceline. com 等网站上，美国旅行者可以提出他们愿意为假期支付的价格。他们提出报价，酒店经营者可以接受此价格，也可提高价格。不过 Priceline 网站承诺：“我们会在一家接受您的报价的酒店为您找到一个房间。”这种逆向模式是 C2B 经济的一个完美例子。购物者确定游戏规则和他们需求的标准，而企业要做的就是尽快实现消费者提出的需求。

从价值需求层面来讲，消费者决定公司发展方向的这种反向关系模式会进一步得到推广。未来几年，我们将看到按要求定制的（委托）产品会激增。当 3D 打印机达到成熟阶段时，制造环节将消失，消费者只需购买概念（前提是他自己并没有创造它）和材料。

消费者越来越具有影响力。一方面，知情的购物者希望自己具有影响力，另一方面，真正关注个人的品牌已意识到消费者的影响力可以创造剩余价值。因此，耐克在网上销售的 80% 的产品是 NIKEiD 的专属制定产品。在网上或在配备有触摸屏的分店，消费者可以使用应用程序来修改模型、颜色和面料，以获得独具个性的运动鞋。范斯（Vans）、阿迪达斯和锐步等竞争对手也为消费者提供了类似的服务。

Prey Shoes 是澳大利亚的初创品牌，目前深受鞋子爱好者的欢迎。该品牌可以在两周内向世界各国运送私人定制的鞋子。首席执行官迈克尔·福克斯认为："20 年内，所有服装都将私人定制，服装领域的大规模生产将成为历史。与消费者进行合作的一个优势是无须成品库存，由于定制产品只在订单生成后才开始生产，所以不存在多余库存或库存不足的现象。公司现在通过预付款系统立即收取采购金，而过去公司却需要支付库存成本。"

在奢侈品时尚业，我们发现许多商家既提供定制的高级时装，又在商店出售成衣。例如，Jimmy Choo 和 Fendi 为顾客提供定制的鞋子和手袋。一些大众零售商也开始关注这一潮流。在英国玛莎百货，男士可以在网上定制个人专属衬衫，从面料到领子和纽扣。虽然这还是大规模定制，但这个选择在很大程度上满足了苛刻的消费者的期望，因为他知道如何让花钱购买的衬衫能更好地体现自己的形象和气质。

共同创造是新格言

单独一个人无法获取成功。如果你想不断创新，就必须拥有创新力量。即使对埃隆·马斯克或杰夫·贝佐斯来说，也会面临黔驴技穷之日。目前，停滞不前、微不足道的利润、瞬间过时的产品等，都是倒退的代名词。出于这个原因，共同创作，即使是在公司和公司之间，也比以往任何时候都更重要。

沃尔玛和麦德龙等零售商开始寻找创业公司。

“公司没有的知识应该去其他地方寻求，提前购买尚未上市的技术”，凭着这些理念，沃尔玛和麦德龙等零售商开始寻找创业公司。这些零售巨头一直在寻找其他技术公司来展开合作以提高零售量或扩大服务范围，这是它们用来对抗那些以技术为资本的竞争对手的唯一方法。不过后者现在在做和它们相同的事。麦德龙集团现在对德国咨询公司（Deutsche Technikberatung）进行投资，这是一家向私人用户和小型企业提供技术援助的德国初创企业。其实，德国咨询还是万得·土星控股（Media-Saturn）发起的“空间加速器”（Spacelab Accelerator）计划的成员，该计划旨在激励和招募初创创新公司。

就沃尔玛而言，它通过收购在线折扣商 Jet. com 而创造了惊喜。在这样的互联网初创公司的帮助下，沃尔玛打算征服全渠道零售业，并给亚马逊一个小教训，因为后者一直在贪婪地扩大在线投资（获取更大的利润）。与此同时，沃尔玛也转向了时尚行业，并且已经加入了 Shoebuy. com、Modcloth. com 和 Bonobos。Bonobos 男装品牌无疑可以在新零售方面向它提供很多关于顾客服务的知识。而阿霍德集团不惜一切代价想要拥有严重亏损的 Bol. com，也是出于这一战略因素的考虑。

除了收购之外，各种形式的合作已经缔结。在由成熟大企业掌控的零售市场中，合作是一种增加市场份额的现实方式。新商家认为合作伙伴关系和协作是必不可少的事物。

合作，Ivyrevel公司的第二天性

共同创造是零售商天性的例子从瑞典时装品牌Ivyrevel中可见一斑。该品牌属于利基市场。Ivyrevel认为自己是一家专业数字公司，其宗旨是将优雅的创意与技术创新相结合，来创造新的时尚。所以这家公司在自己还是小型创业公司时（现在仍然是）便成功地吸引了时尚巨头H&M的关注。

对于Ivyrevel来说，创新只是一个基本原则，而不是进入市场的额外秘籍。四位创始人使用数据计算和深入分析的方法来了解他们的目标受众的需求是什么，即当代都市女性的需求是什么。服装将依据上述算法进行设计和生产。最终我们看到的结果是，不管什么样的价位，20岁和30岁出头的女性都非常喜欢它设计的服装和钱包。

Ivyrevel希望走得更远。它现在拥有一个时尚科技实验室，正在对面料、可穿戴技术，甚至是分销的形式进行测试。这个实验室的发展得益于H&M和Paypal的支持。H&M提供了经济、生产及策略方面的帮助，而Paypal则将自己看作是合作伙伴以及支付和分销领域的顾问。

Ivyrevel还研发特定产品。它与谷歌合作推出了世界上第一件定制服装。Coded Couture是基于安卓系统被研发出来的新应用程序，可让Ivyrevel从幕后收集智能手机女性用户的信息。一周后，Ivyrevel会记录下她所做的事情，她在哪里，天气如何等信息。一件独特的服饰将依据这些数据制作出来。当你住在寒冷的地区时，定制的服饰会更厚些。若你经常出去的话，你的裙子很有可能短而独特。不过Ivyrevel必须保持前卫，因为品牌设计师在不断地追赶潮流，而消费者也紧随其后。

零售商们联合他们的力量，一家接一家地开设商店，并在各自的商店里相互设置展示空间或店中店，或对某些产品集中采购。虽然这样的合作是“特洛伊木马”策略，并避免了竞争，但零售商们更喜欢将这种合作看作是透明度和相互支持原则的实施。

FNG 时尚商店集团和布兰塔诺（Brantano）鞋业都已经入驻布兰塔诺商店，以便人们可以购买从头到脚所需的衣服和鞋子。这些连锁店是互补的，它们的理念、目标受众和品牌价值都是一致的。就法国连锁超市欧尚（Auchan）而言，它允许家用电器 Boulanger 以两者的共同名义与供应商谈合约。在比利时，万客隆在其商店开设了 Media Markt 店中店，创造了两个连锁店双赢的局面。万客隆主要以年老客户为目标人群，而 Media Markt 以年轻人为目标群体。

从亚历山大·博帕德［FNAC（法国国家经理人采购联盟）的前主任］被任命为家乐福的首席执政官时，就有人看出了两者合作的端倪。在网上购物和商店体验方面，FNAC 要比家乐福有经验得多，而家乐福所拥有的顾客数量和提供的便利性是 FNAC 比不上的。如果一个像家乐福或 FNAC 这样的公司走全渠道道路，并想和亚马逊这样的聚合者一竞高低，那么这个公司无论在线和离线都必须足够强大。虽然现在这两家公司都不实行最低的价格，也不提供最佳的舒适度和服务，但是如果它们联合起来的话是能够做到最强大的。

对于传统零售业而言，顾客是商家的“财产”，而商家是顾客消费的唯一场所。在那样的时代，像上述品牌与品牌的合作是不可能的事情。事实上，这种合作需要一个开放的市场，在这个市场中，每一个竞争对手都不是敌人，而任何的购物者也不是一个品牌的独有财产。合并与分化同等重要。如果公司更愿意缔结合作协议而不是进行兼并和收购的话，那么它们将会创建一个具有动态性、创造性和创新性的合作网络来代替庞大的零售王国。

A 品牌和零售商的合作

只根据价格进行协商已经没有任何意义。随着这种意识的扩展，品牌生产商和零售商在寻找共同创造价值的方法。由于合作可以采取不同的形式，所以毫无疑问，在未来几年将会看到更具创造性的合作。虽然我们现在正在经历一波收购浪潮，如供应链的底端镜头生产商 Essilor 收购加拿大 Coastal Contacts 隐形眼镜零售商，但是越来越多的合作正在以店中店、独家许可合作和共同创造的形式出现。如果你无法击败竞争对手，就加入他们！

电子巨头百思买（Best buy）设法通过让畅销品牌在它的店中开设品牌空间而避免了被收购的悲剧。索尼、三星、苹果、微软等，都在百思买拥有自己的体验区，消费者可以在那里测试产品并和品牌建立联系。值得注意的是，这些品牌商店的员工都来自制造商，他们是真正的产品专家。这比百思买雇用自己的员工要好得多，因为百思买自己员工的知识储备必定不如制造商的员工丰富。当然，百思买也获益匪浅，它不仅为顾客提供了最佳的客户体验和服务，它还无须投资，并且可以在员工工资方面节省开支。

独家许可合作也越来越受欢迎，这种方式还使得商店成为媒体或组织者。H&M 高级时装店创造的独家特别限量版产品是为数不多的能让消费者趋之若鹜的产品之一。对于买卖双方来说，这是一种接触大众并招募顾客的方式。比利时玩具商乐（Fun）提供了一个由 Dovy 创建的微型厨房。这表明了乐（Fun）有意在未来与当地公司进行更多的合作。因为研究表明，消费者希望在商店中看到更多的本土产品。

厨具连锁店 Cook&Serve 也是同样的观点，并与其他品牌结成战略联盟，共同开发产品。限量产品主要是由品牌生产商根据 Cook&Serve 的要求设计的，然后专门在连锁店销售。私人商标与A品牌之间的这种合作使得零售商免去了制造商和供应商的环节，可以推出自己的产品。Cook&Serve说："我们想在所有领域推出40种共同研发的产品。这同时也是激励比利时制造商的一种方式。"

研究和开发也可以携手并进

零售商和品牌之间的紧张局势，特别是食品市场中零售商和品牌之间的紧张局势，可以通过共同测试和共同创新来解决。品牌生产商的"线上项目"（由传统媒体组织的大规模活动）推广活动不再具有效果。消费者现在更愿意信任那些与他接触并开始对话的人，换句话说就是与他们直接接触的零售商。

> 零售商和品牌之间的紧张局势，特别是食品市场中零售商和品牌之间的紧张局势，可以通过共同测试和创新来解决。

这些零售商身处有利地位。为了继续提供最好的产品和最优惠的价格，他们推出了私人品牌。这种产品不仅符合消费者的口味，而且零售商还可以从中获利。由于A品牌的预算被用到了创新和营销上，因此它的营业额开始有所下降。所以这种情况促使零售商更多地投资自己的产品来提高自己的竞争力。

生产者感到有所不公，于是开始尝试去直接接触消费者。尽管如此，只有有限的几个消费者最爱的品牌能够直接接触到消费者。在食品领域，上述品牌都是A品牌，如可口可乐和能多益，而折扣店通常会将这些产品放在货架上进行销售。然而，对于其他品牌来说，通过单独行动而接近消费者的行为似乎是冒昧的。正如一般的零售商是局外人一样，B品牌也是如此。

另一方面，为了得到想要的结果，相互合作的品牌商和零售商必须坚持研发和集中投资，因为他们之间有丰富的信息和知识可以用来互补。通过紧密合作进行生产或设计新的服务和/或产品，零售商们不仅可以共同寻找解决实际问题的方案，还可以让自己与竞争对手区分开来。真正的伙伴关系就此形成。

许多零售商正与他们的自有品牌产品供应商共同创造，保障他们研发的产品不是 A 品牌的复制品。例如超市提供的根据米其林星级厨师的配方制作出来的新鲜餐点，就是零售商、厨师和制造商共同创造的结果。

库勒鲁迪集团通过一些合作来使自己在生鲜业中脱颖而出。库勒鲁迪与当地苹果种植者合作，计划推销两种新品种的苹果。为此，它已和三家永久供应商达成了协议，共同投资开发有前途的新品种。库勒鲁迪集团取得了独家经销权，并提供项目协调以及与产品营销的相关费用。农民则购买果树和进行生产。合伙人说，他们是世界上独一无二的零售商。

不过零售商和 A 品牌生产商之间共同合作的例子则寡见鲜闻，但家乐福和亿滋（Mondelez）的密切合作就是其中一个例子。亿滋在家乐福设置了新的巧克力专柜。

共同创造也将零售商、品牌和最终消费者联系在一起。对于西班牙超市连锁店 Mercadona 的创新中心而言，它经常使用顾客的想法，为 Hacendado 和 Deplus 这两个自有品牌开发食谱。这些顾客常被称为厨师长。例如，Mercadona 在邀请顾客品尝自制的番茄酱时，其中一位顾客便向 Mercadona 提供了他的番茄酱制作方法。用顾客提供的方法制作出的新番茄酱被测试小组认为是最好的，现在在 Mercadona 货架上出售。

上述故事让人联想到了斯派库鲁斯（Speculoos）生产商宣传的蛋挞皮。

该蛋挞皮的配方是由佛兰德电视台 De Bedenkers 节目中的参与者研发的，Lotus Bakeries 利用这个配方制成了产品进行出售，并取得了我们所知的成功。在食品行业之外，乐高是一个典型例子。在乐高 ideas 系列线上社群中，粉丝们可以发布自己的想法并评估各自的设计，其中最受欢迎的设计将由乐高研发和推出。

营销的未来：在微观层面进行量身定做

零售商、营销人员和广告商今天想要通过个性化的信息吸引他们的目标公众，他们必须重新自我创新。

目前，我们已不再进行广告宣传，我们也不像十几年前那样制定营销战略。对于营销经理和他们的广告代理商来说，找到吸引人的口号并发起有效的活动已经不够了，与顾客共议和合作才是构建品牌可持续性发展的关键。另外，媒体机构必须对消费者所接触的新渠道了如指掌才行。

量身定制是出路，因为每个购物者都有自己的愿望和要求（希望在特定的时间以最适合自己的方式得到满足），所以每个购物者都是独一无二的。深入的研究表明，营销人员能够更好地了解是什么在主导消费者，而创新和技术发展能更好地锁定消费者的行为。

虽然品牌有自己吸引顾客的秘诀，但顾客购买产品时看重的是品牌而不是秘诀的构成要素。在 PSFK（商业创意营销平台）2016 年的《广告未来》报告中，趋势观察员列出了吸引顾客秘诀的一些基本要素：

- 个人现在仍然热衷于立即获得奖励，无论是物质的还是非物质的。
- 满足顾客特定需求的产品。
- 顾客希望自己对品牌的信任能获得额外的特别奖励。

- 当一个品牌能够提供一些娱乐活动，或赋予其顾客或用户某种身份时，品牌将获得顾客或用户的忠诚。
- 上述原则也适用于为顾客提供独特的创新品牌。
- 时机是关键：即便一个品牌遵循原则，但如果没有在正确的时机向顾客提供产品，也一切都是徒劳。

和品牌粉丝一起创造故事

为了使品牌更具个性化，品牌意义即品牌历史，起着至关重要的作用。品牌故事不仅不再是品牌自己的事情，也不意味着简单地将信息单方面传递给消费者就可以。70%的人承认他们更喜欢通过品牌历史而不是传统广告来了解产品，因为这能让他们很快意识到谁值得信任，谁来提供自己所需求的东西。

在信息大爆炸的时代，有效的信息是那些直击人情感的信息，其余信息只会被过度刺激的大脑所过滤。任何想传达信息的人如果想激起消费者的兴趣，就必须具有创造性。为了吸引消费者的注意，通过技术创造惊喜是最好的方法。

例如，冰淇淋品牌Jacques IJs根据和库勒鲁迪及美特好的独家分销协议推出了恐龙冰。含有14个冰激凌的塑料包装盒使用了增强现实技术，每个包装上都有两个恐龙插图，孩子们可以通过平板电脑或智能手机扫描它们让它们活动起来。通过相应的应用程序，恐龙也可以在社交网络上共享。

就奥利奥饼干而言，它的“奥利奥泡一泡挑战”系列更夸张。粉丝们可以通过智能手机或平板电脑扫描饼干，然后通过精确的发射器将虚拟饼干发送到太空。通过谷歌地球（google earth），消费者可以获得虚拟饼干进入绕地轨道的相关信息。登陆轨道过程则由谷歌街景服务（Google Street View）

拍摄和呈现。

通过不同的社交渠道和实体渠道对饼干投放活动进行宣传，可以刺激品牌的粉丝。另外，公司还提供相应的奖品来鼓励消费者通过推特、instagram和脸书分享自己的饼干发射情况。为此，Snapchat 甚至提供了一个奥利奥照片过滤器。这种创造性的互动不仅让消费者感到惊讶，而且还为公司带来了成功。从长远来看，这一成功会带来大量的好处。由于粉丝群在使用应用程序的同时可以为品牌提供大量数据，因此品牌可以说是获得了两次成功。

虽然粉丝们钟爱自己喜欢的品牌，但是品牌的产品要是能让粉丝感觉自己是独一无二的话，那么粉丝们就愿意去更好地了解品牌。一起讲故事，一起创造故事。

在 2016 年夏天，阿迪达斯推出了创作者工作室（Creator Studio），一个为足球迷设计的在线平台。通过该平台，球迷们可以为他们喜爱的俱乐部球员制作 T 恤。各种创作相互比拼，其中最好的作品在 2017/2018 年度锦标赛期间被球员作为第三官方球衣佩戴。

对于每个足球俱乐部来说，在它们选出最受欢迎的 100 件设计后，俱乐部中来自皇马、曼联和尤文图斯的球员将从中选出最终的获胜设计。仅在第一周，俱乐部就收到了数千件作品。阿迪达斯橄榄球总经理马库斯·鲍曼（Markus Baumann）说：“创作者工作室史无前例地为粉丝们提供了与世界上一些最知名的足球俱乐部共同创造品牌历史的独特机会。”

围绕品牌形成的社区是市场营销的重要战略。

围绕品牌形成的社区是市场营销的重要战略。这个例子表明，粉丝们愿意为自己喜爱的品牌的历史做贡献。由于广告对消费者的控制和消费者对广告的接受度之间有很强的关联性，因此，让消费者参与品牌历史的发展并共同确定发展方针对品牌有利而无害。换句话说，品牌应该把自己能够成为最畅销产品的荣誉归功于消费者，或者品牌应该授予消费者主导者的角色。

美国零售商塔吉特2016年所做的儿童开学促销活动的广告片是由儿童策划、导演和执行的。塔吉特之所以这样做，是因为它认为没有比孩子更了解该如何接近其他孩子的人了。因此，在一系列可爱的15秒视频片段中，孩子们向同学们展示了如何在学校结交新朋友和如何轻松解决日常问题。孩子们不仅在广告里是主角，还对广告制作起着主导作用。

“影响者营销”：新的明星

粉丝的想法不仅有助于品牌的成长，而且价格还低于传统的广告价格。每个人都有表达自己观点的社交网络，而这些网络会对他们周围的人产生影响。在网络经济中，消费者与商家之间的界限正在逐渐消失，每个人都是需求者或供应者。通过网络平台，如优步和Etsy，顾客可以推广或者接受某人的信息，换句话说顾客就是影响者或受影响的人。

对于Z世代的成员来说，博主、视频博主以及Instagram达人比歌星、电视或电影明星更具影响力。现在的年轻人和博主、视频博主以及Instagram达人没有什么差别，比如现在的年轻人和这些人过一样的生活，吃一样的东西等，因此对今天的年轻人来说，博主、视频博主以及Instagram达人更加可信和可靠。重要的是每个人都可以成为“影响者”。就“奥利奥泡一泡挑战”而言，品牌启用了几个影响者来刺激消费者参与活动。例如，Instagram达人丹妮尔·乔纳斯在跑步机上用奥利奥蘸牛奶的照片获得了400 000次的点击量。

Yelo是Telenet-Liberty Global网络电视频道的一款应用程序。它在准备推出前的6个月，被合作创作者进行了预测试。前营销总监，卡罗尔·拉马克（Carole Lamarque）组建了一个影响者小分队，让这些参与者有机会免费测试Yelo。在1800多名申请人中，Telenet最终选择了100名参与者。Telenet通过这100名参与者来了解产品路线将会面临的问题和制作产品线路图。在应用软件发布后不久，一大群用户便汇集于网上进行提问。这种竞争方式虽然对电信业的其他对手造成了不小的打击，但Telenet通过创新的营销手段，了解了市场，最终获得了回报。

“影响者营销”将一步步取代大众营销。得益于大数据，影响者营销将会越来越具有针对性。正如创新营销专家拉马克在其2017年的著作《影响者》中所描述的，微影响者（约750~1500的追随者）值得拥有影响者营销的核心地位，因为这些影响者最终实现了品牌的目标，对购买行为产生了影响。

尽管名人有时也会从微影响者那里获得灵感，但他们带来的是宏观影响力。

据拉马克说，名人更愿意向大众传达信息，而不愿意展开一种有针对性的营销。因此和名人的合作本质上是一种赞助，就像勒布朗·詹姆斯和耐克之间的永久合同一样。所以当美食家们在网络上对达能布丁赞不绝口并分享时，再找一些网球运动员为达能布丁做广告还有意义吗？

可持续关系和行为

粉丝们希望弄清品牌所代表的价值。一个注重顾客需求和价值的品牌为自己和顾客间可持续发展的关系奠定了基础。另外，它的产品还必须是通过了公平贸易认证、对环境无害、有机种植和手工制作的。

来自阿姆斯特丹的巧克力品牌Tony’s Chocolonely非常受大众欢迎而该品

牌从不通过广告来推销自己的产品，它这样做的原因是，如果消费者意识到这个品牌的历史，并且对这个品牌故事印象深刻的话，他就会自动在自己周围分享品牌故事。所以 Tony's Chocolonely 的目标是确保尽可能多的人了解品牌故事。为此，巧克力制造商不仅向粉丝提供了一些即时信息，例如每周下载次数不低于 600 次的系列讲座，而且它还鼓励员工在 Tony Talk 中分享他们的品牌故事和在社交网络上分享短片视频。制造商的沟通方式有三个简单的步骤："托尼讲座"（Tony Talk）"托尼分享实例"和"依良好的例子行动"。

Tony's Chocolonely 不再是一家采用讲故事（story telling）策略的公司，而是一家采用创造故事（story-doing）策略的公司。创造故事不仅仅意味着讲述品牌故事，还意味着进一步了解品牌意义并将感受获得的结果付诸实践。公司创造了故事，员工和顾客从中受到启发。这样的策略可以让忠实粉丝成为品牌的形象大使。

零售不能再被定义为单纯的产品销售。消费者现在可以通过一切信息和方法来实现自己的需求，因此一家愿意和顾客分享知识，愿意以公开透明的方式和顾客进行沟通，愿意向顾客证明自己是非常专业的公司将吸引消费者的关注并赢得消费者的信任。例如，去 Sligro 消费的顾客不仅可以观看由专业人士进行的各种演示，还可以看到提供创意菜谱的厨师进行的厨艺表演。

商店作为广告空间

店内体验不仅仅是花钱这么简单。这些话来自瑞秋・谢赫特曼（Rachel Shechtman），一位专注于商业媒体概念并在纽约开设 STORY 概念店的女性。在谢赫特曼的眼中，零售是一个理想的媒体渠道，能够在顾客和品牌之间生成有意义的对话。

为了支持自己的理念，谢赫特曼依据出版界的模式设计了一个原创商业模式：即使不销售任何产品，品牌也会付钱入驻在STORY。在STORY，品牌就是赞助商，通过提供产品以换取与消费者接触的机会。因此，谢赫特曼为品牌提供的商业空间犹如杂志提供的广告版面。

STORY既是一本杂志，又是一家商店。每过几个月，STORY就会完全更新，主题也随之改变。例如，Wellness（宠物食品品牌）和Fresh（馥蕾诗）等品牌都在STORY进行过展示。虽然STORY没有永久的产品，但每次展示的必是全新和特定的内容。出于这个原因，STORY模式被称为“有组织的购物”，就像在博物馆的临时展览那样。在STORY展示的产品都属于STORY品牌故事的一部分。

体验是建立在“3C”的基础上：内容、社区和商业。谢赫特曼说：“看看人们在商店做什么？你会看到他们在进行体验、搜索和购物。我们提供购物体验主要是为了达成如下目标：我们提供所有品牌的信息，我们组织活动（例如烹饪研讨会，学习如何准备面食，为我们社区举办Instagram集会等）。当然，我们还建议我们的顾客购买。”

在STORY，收入取决于品牌，而不是在商店购物的人数。其实消费者是否在现场消费，还是在离开商店后在品牌旗舰店进行消费，这些对谢赫特曼来说无关紧要。她只希望她的客户——品牌商能得到满足就好。虽然通常情况下零售行业专注产品的销售，而STORY优先考虑的是向品牌提供的服务。

在线上，越来越多的商店被设计成动态平台，例如博客、社交媒体等，这完全符合消费者感受体验而不是消费物质产品的需求。而广告从讲故事演变为故事制作的事实起到了增强品牌商业体验的效果。

个人的生活时刻不仅值得在Instagram上分享，而且还是社交资本。

根据安特卫普的 Spacified 初创公司的观点，个人的生活时刻不仅值得在 Instagram 上分享，而且还是社交资本。该公司的目标是将繁忙的商业空间转变为现场媒体，换句话说，就是将广告渠道转变为让消费者体验品牌的渠道。根据它的理念，快闪店、公共空间和品牌组织的活动的实体场所所提供的体验是独一无二的事物，是消费者喜欢在社交网络上分享的东西。因此，通过这一切，品牌的形象得以提高。

如果营销想要变成全渠道营销，就不应该忽略实体空间。任何地方都会成为体验的场所，从试衣间的镜子到停车场的电梯。为什么品牌赞助商不为发廊提供椅子赞助，并用它们创建一个休闲区，让顾客可以享用咖啡，或尝试一些新鲜的小玩意，或了解个人护理产品呢？

如果品牌向一家公司支付费用，希望在公司中展示它们的产品或者它们的商标时，那么这家公司必须提供品牌所需的对等产品。广告活动的收益始终是一个棘手的问题，在未来的商业环境中，收益将与数据挂钩。STORY 表示："我们根据赞助商设定的一系列要求制作故事。无论是创作范围、内容还是研发，这些都因赞助商而异。因此，我们能够提供个性化的体验，并保证品牌的投资不会打水漂。"

由于可以将互联网用户的行为分析到极致，所以目前在线获得的数据量要比离线多得多。但得益于技术，我们可以尝试来解决这个不平等问题。STORY 对销售点进行了大量的投资以改善数据的收集，并使用热图来表明哪些产品或区域最受欢迎。在 Spacified，品牌也因信息而获利，特别是通过顾客计数器、摄像头和 Wi-Fi 获得的数据中获利。不过对客户行为进行分析，在线上比在实体店中更容易（至少目前为止）。

正如我们在第 1 章提到的从苹果到 Zara 那样，如果品牌想跨越一些中间环节，它们可以选择开设自己的旗舰店或品牌店。梦龙冰淇淋快闪店已经从短暂的品牌活跃店成为Magnum Pleasure Stores连锁巨头。它在比荷卢经济联盟区的第一个永久性子公司，在根特向顾客敞开了大门。这个商店主打定制冰激凌，客户可以从各种配料中进行选择，然后订制独特的冰淇淋。该店不是由品牌所有者联合利华直接经营，而是由当地的Horeca（horeca = hotel + restaurant + café，在此称为酒店、餐馆和咖啡行业）中的一家经销商经营。

时间就是金钱

品牌故事也许很美，但是如果在不正确的时间向消费者进行讲述，那就会适得其反。今天，我们很可能会把所有的时间都花在上网上。此外，多年来的购买过程现在也给人一种分裂的印象。目前，购买决策不再是在购物时或依据信息而做出的，顾客在整个购物过程中瞬间闪出的念头都有可能让他下定购物的决心。

谷歌已经将消费者购买过程分为不同的“真相时刻”，这些“真相时刻”目前呈现回环的形式而不是直线的形式。这种“消费者环”的每一点都是稍纵即逝的微观时刻。一个人想要立即找到他正在寻找的东西，例如信息或订单，移动设备可以使其变成现实。只要我们脑海中闪过一种东西，我们便可用智能手机在互联网上寻找它。当技术越智能化（语音激活数字助理），越靠近我们的身体（可穿戴设备）时，上述趋势越会加速。

微观时刻分为三部分，即意图（个人有意识地寻找联系）、情境（行为前面有思想）和立刻性（现在，而不是每小时）。这些时刻是消费者用移动设备寻找他们想要或需要的东西的时刻。对于这些短暂时刻，这一切都和用途与速度有关。谷歌区分四种类型的微时刻：

- 我想知道一些事情。
- 我想去某个地方。

- 我想买东西。
- 我想做点什么。

我们可以在不同的时刻接触到品牌，而且接触的时间还越来越短，对此，趋势品牌或零售商可以通过简短、强大和有趣的信息来应对。只有这样，消费者才能继续把宝贵的时间和精力放到品牌上。否则，消费者很快便会放弃。

据谷歌称，个人希望体验具有真实性、个性化和实用性等特点，这是体验继续在日常生活中发挥重要作用的先决条件。例如，在“我想知道某事”和“我想做点什么”等时刻，个人需要的是客观公正的信息。虽然这还是选择阶段，甚至这个阶段还远离第一个“真相时刻”（进行购买的时刻），但真诚回应问题的品牌这时可以了解用户的一些想法。另一方面，处于购买阶段的消费者希望轻松快速地发现新产品的与众不同之处。

选择通过智能手机接触目标群体的公司，应该利用消费者与公司进行互动时的可用数据，以便向消费者传达其在互动时需要的信息。

鉴于上述情况，营销人员应该充分利用电视、智能手机和社交网络等现有媒体。选择电视媒体的公司有必要将其品牌和品牌历史直接整合到相关的娱乐节目中，以唤起消费者的好奇心。同时，公司还应鼓励消费者脱离电视去进行购物。

新技术也提供了更多接近粉丝的可能性。社交网络不是通过无聊的信息攻击消费者的平台，而是与粉丝建立一对一沟通的理想工具。聊天不再是商业行为，而是公司采取的解决与品牌有关问题的手段。如果企业能够时刻保持警惕并朝着提出的解决方法的方向发展，它们就仍然可以保持“制高点”的位置，品牌信心也会得到加强。因此，使用必要的技术将这些粉丝彼此连接起来创建一个社区（围绕品牌）至关重要。

产品和包装当然也是品牌历史的一部分。技术创新使得消费者可以通过智能手机发现产品信息、优惠活动、食谱和其他额外信息。诸如增强现实和虚拟现实等工具有助于俘获消费者的心，为他们提供以前无法提供的独特体验。

事实上，数字世界的诞生引发了营销和广告的全新理念。这种根本性的变化已经打乱了品牌接触客户的方式，也打破了游戏规则。也许我们可能天生是一个卖家，但一个不创新的卖家会很快完蛋！

“供应链的未来”：采购的新趋势

循环经济

各种生态问题给线性经济带来了压力。线性经济从一个价值链开始，这个价值链的开端是原料（提取用于生产货物），末端是废物（最终在填埋场中失去价值的货物）。各国政府大力鼓励回收利用和高效废物处理，而公众同时也认识到了减少废弃物的重要性。

生态理念已经深入人心。

正如 ECOVER（欧洁维）生态产品的成功所证明的那样，生态理念已经深入人心。1980 年该公司诞生，那时的公司不过是个墙壁上覆盖着鲜花与和平标志的仓库，如今公司已有两个超现代化的生产设施。目前，ECOVER 是全球最大的绿色清洁产品生产商。凭借公司明确的愿景，它似乎比同时代其他商家要超前很多。ECOVER 证明了创造故事是可行的。

闭环

产品的生命周期应尽可能延长，甚至尽可能地用循环代替。“闭环”（完成一圈）这个模式似乎不但对公司有利，而且对经济也有好处。

回收磨损成品然后再利用是代替采购新原材料的有利方案。例如，零售商已经向采取以旧换新方式购买智能手机的消费者提供了优惠。今天，像 H&M 这样的服装连锁店认为，将旧衣服放在它们的商店进行回收，是有利营销和销售的。

根据 ECOVER 前首席执行官兼《蓝色经济》的作者昆特·泡利（Gunter Pauli）的说法，可持续经济毫无疑问地等于获利。当然，泡利仍然认为创新是公司的潜力。在品牌和公司以差异化为主要目标时，成为创新公司本身已经非常有价值，何况还要算上低成本、高效益的生产线所带来的经济效益。在循环经济中，产品的剩余价值首次是正数（因为产品是可重复使用的）而不是负数（因为浪费要花钱）。

从摇篮到摇篮

2016 年春天，JBC 第二次推出了从摇篮到摇篮的时尚产品系列，每个产品都可以“回收到最后一根纤维”。这一创意让它在 2016 年得到了佛兰德时装学院的称赞：“从摇篮到摇篮的概念是“循环时尚”最成功的原则，因为材料的生命周期完全是循环的，不会产生任何废物。”

电力工程师协会的（EPEA）弗朗斯·贝格尔表示：“从摇篮到摇篮的与众不同之处在于它是一种非常积极的方法。我们的理念是回归基础，回到设计过程的核心，从而创造可持续产品。目前，我们主要进行被动回收，在此之后我们才会考虑减少浪费并限制损害的解决方案。但我们也可以进行主动回收，并从设计阶段考虑如何在产品质量不受损的情况下重复使用产品。”弗朗斯·贝格尔帮助公司将摇篮到摇篮的方法付诸实践。

要获得从摇篮到摇篮的认证，需要对整个生产过程进行独立分析，从材料的毒理学分析到水和能源消耗的分析，还要考虑生产的社会条件。为了保证不再有任何浪费，需要从设计阶段就开始考虑生产过程的每个方面，以及如何提高可持续性的方法。

可持续并不一定意味着昂贵。C&A 从摇篮到摇篮认证的金色 T 恤系列就是证明，消费者最多花 9 欧元就可买到完全可重复使用且可生物降解的 T 恤（最后只需把它放到肥堆中）。该系列 100% 有机棉服装有两种型号和 17 种颜色。C&A 认为该系列是其可持续发展战略的第二个方针，因为公司已经是世界上最大的可持续棉花销售商之一。

可持续性刺激经济复苏

比利时家用织物生产商 Jules Clarysse 的一些产品已经获得摇篮到摇篮的认证。这要归功于让 Jules Clarysse 在经济危机中幸存下来的循环策略。在危机期间，由于材料稀缺，顾客面对价格不冷静和棉花价格暴涨的时候，公司决定改变发展方向，开发了一种可持续替代品——用回收牛仔裤制作的餐巾，为此它研发了一条分离牛仔裤纤维的生产线。对于毛巾制造商来说，这种差异化显然已经得到了回报，因为 Jules Clarysse 是比利时最后的浴巾生产商。

延长链条

虽然摇篮到摇篮是实现闭环的最理想方式，目前推荐的策略是尽可能地延长产品的生命周期并确保线性经济尽可能长久。第一家服装交换店 Resecond 的创始人克罗斯·斯凯迪（Claus Skytte）将经典线性经济分为八个阶段：

- 研究。
- 创新。
- 融资。
- 生产。
- 分销。
- 零售。
- 消费。
- 销毁。

斯凯迪希望用另外三个阶段取代最后一步：

- 合理消费。
- 共享。
- 回收。

许多用来延长产品生命周期的举措旨在促进共享和回收。瑞典斯德哥尔摩的 ReTuna 是世界上第一个商业回收中心。ReTuna 二手商城只销售由消费者提供，并由商城工作人员修复或翻新的物品。该项目的推动者说："可持续性不是过穷生活，而是用我们已有的手段实现更多目标。"

根据产品类别，收回改造的物品分布在购物中心的 14 家商店中。该购物中心包括一个家电商店、一个家具商店和一个提供有机菜肴的餐厅等。所有店铺都致力于环保工作，所有在那里销售的新产品（如餐厅的菜肴）必须是有机的和/或环保的。

MUD 出租牛仔裤

时装界的 MUD 牛仔裤属于循环经济。即使它未能完成 100% 的循环，它也通过系统地回收牛仔裤而获得了非常相近的效果。为了鼓励消费者不要遗弃或丢弃未穿过的或破旧的牛仔裤，该公司 2013 年推出了“租赁牛仔裤”计划（同时获得奖项的计划），提供出租牛仔裤服务，在约定的期限结束时，消费者退回牛仔裤或购买牛仔裤。MUD 也鼓励买家退还牛仔裤以便回收利用，而不是扔在垃圾箱里。适用于床垫策略的也适用于服装。

回收产品市场可以走得更远。澳大利亚快闪市场 Oz Harvest 专门出售过剩的，但对消费者来说仍然可以食用的食物，否则这些食物将最终成为垃圾。买家根据他们想要或者能要的产品自行定价。这种服务社会的食物商店并不是一种新现象，它们不再处于社会边缘，而是存在于社会中。

短链

为了延长消费者手中产品的寿命，生产商和零售商在缩短供应链。随着供应链的缩短，生产链在延长。

例如，Prey Shoes 为了使定制的鞋子能够成为成品，它不得不自己进行生产。通过这种方式，它设法将交货时间从 10 周缩短到 1 周。由于在中国拥有自己的工厂，所以该公司的定制模式能够优化流程，而这在其他工厂中似乎是不可能的。首席执行官迈克尔·福克斯（Michael Fox）说：“由于制造商依赖生产产品的数量来获得最小利润，所以他们极难尝试其他任何事物。如果没有高质量的生产流程，定制就不可能实现。”

零售商和品牌明白，为了节省时间和增加利润率，削减供应链上的一些环节符合他们的最大利益。例如，La Fille d'O 希望通过缩短设计和交付之间的时间来防止 Zara 或 H&M 或其他便宜品牌来模仿它的内衣。为此，它跨过了链条的一些中间环节。

这些快时尚品牌自己定义了时装业短链的标准。考虑到当今消费者不惧耐性，速度已成为常态，日本公司优衣库设法用 13 天时间完成从制图到成品的生产流程。这有点像 Zara，几年来，它可以在不到两周的时间内完成从设计到生产的过程。

速度已成为常态。

现在，速度只是短链的优势之一。实际上，零售和快销品行业的所有新企业都计划使用短链策略。跳过步骤意味着品牌对供应链获得了更多控制权，而且在降低成本时，还能增加利润。由于这种垂直整合，家具品牌 Made. com 可以更具速度性和灵活性。该公司的比利时和荷兰总监达明 · 普莱柯（Damien Poelhekke）说："基于历史数据，我们可以获得确切的预测结果。我们每周都会查阅这些数据，并了解我们的库存和消费者的喜好，这使我们能够快速调整我们的采购。这是我们短链模式的优势。我们不但推出很多新的系列，而且也很谨慎地迅速移除不受欢迎的系列。"可以说，大数据对于短链非常重要。

零售商到自有品牌的转变是零售商缩短生产链的惯用方法，这可让零售商省去中间环节而直接供应。快消品制造商省去上一环节或下一环节是省去昂贵的中间环节，或是越过有可能放慢自己的生产速度的环节。当罐头品牌 HAK 收购登波士顿的 Peter van Halder 新鲜蔬菜加工公司时，不仅是为了提高收益，还为了获得它的生产设施管理和研发平台。HAK 宣称自己可以更快地销售新鲜蔬菜类（毫无疑问，价格更低）。在食品行业，缩短链条无疑对最终消费者来说是一种增值。无论如何，这个模式正越来越流行。

争取最后一公里

消费者希望尽快收到自己订购的产品，因此零售世界的新“宫斗剧”在“最后一公里”上演着。想方设法提供配送到家服务的品牌，一只脚已在市场中站稳了脚跟。

然而，配送并不意味着将包裹直接配送到顾客家中。还记得 Parcify 的例子吗？另一方面，零售商在所有环节中都必须小心翼翼地节省开支，否则提供的便利性会完全吞噬微薄的利润。

Coolblue 发现消费者不愿意为当日配送支付更多的费用。最初，当日配送价值 17.95 欧元，但这并没有让 Coolblue 取得成功。它发现服务价格对需求影响很大，因此它意识到必须出售大量的产品来抵消极速配送的成本。现在当日配送费用已经降至 9.95 欧元。

退货，痛苦并快乐着

不断的退货给盈利带来了压力。2013 年，Zalando 管理层承认它的退货率约为 50%。今天呢？虽然公司对此只字不提，但是退货率仍如预期估计的那样。对于网上零售的退货率来说，2017 年年初取得格罗宁根大学博士学位的敏内玛计算得出的结果是 30%。

退货的平均成本约为销售额的 12.5%。这不仅仅是运输成本的问题，还包括处理包装和重新包装的成本以及产品不能出售的问题。时尚界的问题更加严重，不仅产品保鲜期有限，而且退货率还高达 35%。

因此，难怪零售商将大笔资金投入到智能和虚拟试衣间等技术解决方案中。采用人工智能，新创公司 Curvetips 允许顾客在网站上选择衣服，并依据顾客的个人资料向消费者推荐合适他的衣服。结果是：购买多，退货少。

敏内玛在她的研究中指出，投资免费退货系统是非常重要的事情。无条件免费退货政策会导致销售额增加，因为消费者承担的风险较低。根据敏内玛的观点，制定退货图和分析退货是非常有必要的，虽然大多数网店还没有关注退货数据，但那些关注的商家，它们的收入增长了近 20%。

凭借其当日配送和即时退货服务，Zalando 为自己设定了进一步提高便利性的目标。通过与位于伦敦和巴黎等欧洲城市的物流服务商合作，该公司已经为其顾客提供在家订购和半小时内取货的服务。法国斯图尔特公司首席执行官品科 · 黄（Pingki Houang）表示，便利性是现今顾客的主要关注点，配送和退货是关键因素，因为它们直接影响购买行为和客户忠诚度。

零售商成为物流服务提供商

所以问题是如何尽可能有效地利用物流来控制成本。对此，公司是否必须拥有自己的快速配送服务或外包这项服务？虽然许多全渠道零售商认为送货仍然非常昂贵，但亚马逊在这个问题上持反对意见，自己直接开拓物流业务（将物流据为己有）。亚马逊的配送飞机已经准备就绪，只等着从中国国内采购的产品被运送到港口。亚马逊想要控制整个供应链。对于亚马逊来说，这种整合具有前景，因为它可以控制一切，防止不利因素出现并且可以确保直接接触消费者。

沃尔玛赞同（部分）这样的意见，并委托商店的员工提供网上订单配送服务。上班途中，员工可以将包裹送到客户家中。这种方法不仅提供了超快速的服务，而且还提供了私人化的服务。由于沃尔玛员工必须前往客户家中拜访，所以他可以与客户建立联系，评估他的生活方式并提供其他服务。当他在顾客的家门前时，为什么不询问顾客是否还有其他问题或需要其他的东西呢？对于沃尔玛这样的零售商来说，这不仅是一次交叉销售的机会，还是获得顾客下周的购物清单的机会。作为品牌形象大使的员工来说，个人服务不是一次无偿旅行，而是他任务的一部分。再次重申，我们需要重视人才资源。

对于老人或不能自理的人来说，送货上门服务是检查一切是否正常的绝佳时机。随着老年人在家中的时间越来越长，提供特别关注的快速配送服务出现了。在美国，新泽西邮政设计了“呼叫和检查”计划，邮递员每天或每周免费去老年人家里。在荷兰，瓦格宁根大学和叮当餐饮服务测试了“Voeding Slim Thuis”护理概念，包括送饭、每天的购物清单、药品医疗和饮食建议等。同样，超市连锁店的本地特许经营商就像50年前的村庄杂货店一样，开始提供送餐到家服务和关注老年顾客身体状况的服务。再次回到了购物的未来。

在荷兰，Picnic的在线购物服务更进一步，不仅负责自己商店的整个物流，还负责其他零售商的订单！Picnic说：“我们告诉自己，既然我们正在前往顾客家的路上，为什么不把他从阿默斯福特书店订购的书给他带过去呢？同样，顾客从其他在线商店购买的物品的退货也可以委托给我们。”

“执行”，一个崛起的商业模式

亚马逊、Bol. com和Zalando等大型在线零售商过于注重价格和营销成本，以至于产品销售几乎没有任何盈利。因此，它们被迫寻找其他的收入来源，例如允许合作供应商在它们的平台上进行营销和制作广告，或第三方物流。

Zalando创建了Zalando执行解决方案（Zalando Fulfilment Solutions），为时尚品牌提供基础设施和物流服务。在分散在5个国家的8个执行中心构成的物流网络中，Zalando为诸如Bestseller、Elvi、EVITA、Motion Fashion和Surf4Shoes等国际集团处理物流业务。Zalando告诉我们，通过这项服务，它接管合作伙伴的订单，从订单开始到退货结束。这是对 Zalando 原有的品牌解决方案（Brand Solutions）和 Zalando 数字营销解决方案（Zalando Media Solutions）这种数字化服务的一种补充性服务。

Zalando 平台希望成为“时尚界的操作系统”，采用不同的方式将各种时尚品牌和其他利益相关者聚集在一起，并满足他们的特定需求。Zalando 物流副总裁简·巴特尔斯（Jan Bartels）说：“该平台不仅提供数据分析或广告等数字服务，而且还执行解决方案。这一解决方案将成为合作品牌和零售商的企业战略。”这要归功于阿里巴巴创建的综合方法。看来西方企业的平台正在遵循中国模式逐渐转变，这个体系最终会取得胜利。

商店也是配送中心，未来是全方位的吗？

在这微妙的最后一公里，实体商店也不甘落后。除了作为接触点和营销点之外，它们也构成了本地供应点。全渠道销售不仅让零售商面临着严峻的物流挑战，而且库存管理方面的阻力也在不断攀升。既然网上商店可以在消费者下单的同一天内配送，那么让在商店内购物的消费者等待几天才收货的话，消费者肯定是不愿意的。

为了解决这个问题（还有其他的问题），出现了越来越多的混合分销网络。配送中心里的商店既可以用作服务点，也可以用作物流中心，在那里，客户不仅可以进行咨询，而且还可以取货、下单或退货。那些在网店刚出现时被认为是缺点和不必要的成本，现在突然被视为一种优势，特别是在零售商能够根据大数据计算出最佳库存的情况下。

在这微妙的最后一公里，实体商店也不甘落后。除了作为接触点和营销点之外，它们也构成了本地供应点。

在英国，Argos已经成为真正的全渠道零售商。它拥有750家店铺，是英国购物街上最大零售商之一。在深度重组后，它将继续开设新店面。在这方面，该公司依据星型分销模式，将重点放在开设微型商店和小型子公司上。中心商店是城郊的一家较大商店，而辐条商店则是市中心或小城镇中较小的分店。中心店不仅是商店，而且还是可以在几个小时内为4~6个分店供货的仓库。通过这种方式，零售商获得了双赢的局面，它不再需要管理每家商店的库存，同时它能够在同一天为客户提供服务。

像电子商务巨头百思买和亚马逊Prime Now证明的一样，执行中心和商店结合是一个日益普遍的组合。然而，该领域的先驱是俄罗斯电子商务Ulmart。该公司拥有三个主要的城外配送中心和40个城市商店（执行中心）。这些“Kibermarkets”日夜开放，消费者可以随时到那里取走网上订货或者直接在店里下单。订单会立即被处理，购物者可以实时跟踪自己的订单。通过城市商店，Ulmart能够在两小时内为大部分家庭进行配送。

阿姆斯特丹高等专业大学讲师，物流专家瓦尔斯·普·凡·阿姆斯特（Walther Ploos van Amstel）说：“目前的趋势是分散库存，因为产品分布在越来越多的供应点上。由于混合分销网络，配送的产品将越来越靠近消费者，所以零售商在做出决策时必须更快速。另外，只有在有需求的情况下，零售商才有必要将产品放到供应链中。由于大数据，这绝对可行。因此，现在不再是每个月检查一次库存，而是每个小时检查一次。在这种新的发展趋势中，辐射物流网络发挥了作用。”

鹿特丹伊拉斯姆斯大学的科尔·莫林纳（Cor Molenaar）教授说：“互联网和信息科技（IT）是零售销售的基础。没有联网或没有计算机系统的小商店几乎没有生存的机会。互联网不仅可以为商店提供无限量的商品，而且货物周转还不用那么频繁。因此无须将商品摆在货架上，只要确保商品可以快速配送就好。这样一来，只有周转频繁的商品才会有库存。采用互联网和信息科技是一种降低库存和租赁成本的策略。”所以，采用互联网和信息科技可以获得双赢局面。

成为最快的还是最好的?

在美国，亚马逊和沃尔玛之间的战斗正在激化，这两者都旨在在线为客户提供最快服务。亚马逊为顾客提供了生鲜食品提货点，它的会员只需 15 分钟便可前往亚马逊生鲜实体店（Amazon Fresh）取走自己的订货。面对亚马逊生鲜实体店，沃尔玛则设立了 24 小时服务的提货点，这些提货点可以提供 30 000 件物品，其中包括新鲜和冷冻产品。

消费者希望能够随时随地领取包裹，这样的要求得到了众多物流公司的关注，并引发了各种各样的创意活动。例如通过 GPS 追踪消费者的无人机，可以以极快的速度直接将包裹运送到乘坐火车的顾客手中。在实践中，我们目睹了储物柜系统的出现。这些储物柜被安置在一些战略性地点上，要么被用作社区居民的常用邮箱，要么被用作 GPS 速递柜。在不久的将来，在家或在办公室接收包裹会是一个遥远的回忆。

对于那些想要尽快将包裹配送到顾客手中的人来说，GPS 追踪技术非常受欢迎。比利时包裹配送公司 Parcify 使用智能手机用户的 GPS 数据，以确定客户的准确位置。只要用户每小时移动的距离不超过 5 公里，包裹就能准确配送到这位顾客手中。这项服务仅适用于徒步旅行的购物者，目前已经通过 Bol. com 和 Zalando 等公司进行测试。

对于移动速度超过 5 公里/小时的消费者来说，这样的移动配送也没有什么问题。由于汽车可以发出信号，所以可以将包裹配送到汽车的行李厢中。利用沃尔沃车载配送系统，配送公司可以通过数字钥匙获得对客户车辆的单独访问权限，之后顾客便会收到包裹已配送的消息。亚马逊与敦豪和奥迪合作，在慕尼黑测试了该系统。为此，用户必须通过应用程序向配送驾驶员示明自己的汽车停放在哪里。戴姆勒智能汽车的车主也可以使用自己的车辆作为配送点或退货点。

另一方面，机器人和无人机是未来人类信使的替代品（昂贵）。虽然机器人的配送性能仍有提升空间，但在一系列的测试中，我们将目光锁定在了在规定时间将货物送达伦敦的 Tesco Now 机器人。该机器人可以在乐购超市五公里半径范围内自动配送。这种配送机器人可以通过应用程序进行货物追踪和防止盗窃。无论如何，这将是一个比使用货车进行市内配送更环保的选择，而且它也符合一些严格的市外交通法规的规定。这并不是完全没有道理的，因为负责在线订购配送的冷藏卡车是空气的主要污染源。

为坐在火车或公共汽车上的上班族配送包裹的想法也许非常疯狂，但是亚马逊已经为此申请了专利。亚马逊的另一个想法是想要保证司机和运输商能够不间断地配送。鉴于提交的专利申请，亚马逊似乎打算投资流动的供货中心。如果能够以足够的精度预测该地区的消费者购买了什么，那么亚马逊就能在订单支付后或支付前进行配送。

第6章 超市的未来：超市将在21世纪幸存下来吗？

1957年12月18日，伊克塞勒市弗拉热广场的德尔海兹（Delhaize）超市开业。这是建在欧洲大陆的第一家超市。它拥有400平方米的商业面积，比任何杂货店都大10倍，还有3000多种产品。顾客购物不仅要使用购物车，而且还会对霓虹灯照明、商业广告、琳琅满目的产品，乃至预先包装的肉制品等新鲜事物感到惊奇。这是一场真正的革命。该店的开业引起了当地中产阶级的强烈争议，因为他们感受到了恐惧。不过正如未来显示的那样，超市很快将成为食品分销的主流概念。

德尔海兹开设超市是得到了美国人的启发。在美国，1916年克拉伦斯·桑德斯就已推出了自助服务商店皮格利·威格利。而第一家真正的超市则是1930年在纽约开业的金库仑联合商店（King Kullen）。商店的名字是以创始人迈克尔·库仑（Michael J. Cullen）的名字命名的。这家店在很大程度上相当于为我们今天所知道的超市，比如它占地面积560平方米，有充足的停车位并推行低价策略，等等。

超市自20世纪60年代以来一直在变化，店面不断扩充，营业范围不断扩大，还使用了新技术，如电子收银机、条码扫描或自助扫描等。同时，消费者还亲历了从硬折扣到超级市场的转变。但从本质上讲，超市的变化很小，因为它的基本理念未变。超市一直通过成本控制和规模经济，以消费者从未见过的低廉价格向消费者提供他们想要的食品。

但这种模式径直走向灾难了吗？不同的连锁店被迫关闭或重组，食品生产商必须省钱或搬迁，农民不惜一切地卖掉蔬菜或肉。此外，传统的超市模式受到了新型食品生产和分销模式的打压。与其他行业一样，互联网技术的突破在这里也起着关键作用。虽然在线食品销售的市场份额仍然非常有限，但它正在快速增长并向传统行业关系发起挑战。当这种增长和挑战与老龄化、城市化和流动性等社会因素相结合时，就会愈演愈烈。

此外，传统的超市模式正受到新型食品生产和分销模式的挑战。

新兴的共享经济也影响着食品行业。精明的消费者无视工业化，希望重新接触“真正的”食品。因此，农民和生产者不再需要通过超市就可以将产品直接销售给消费者。专卖店也在卷土重来，无论是通过网店还是通过实体店的形式。目前，产品销售在慢慢转向餐饮销售，以致食品零售与饭店之间的区别逐渐消失。

消费者从未有过如此多样的选择。由于消费者的购物行为比以往更加分散，而超市作为一站式解决方案又备受压力，所以才会提出上述标题那样令人震惊的问题：超市会在21世纪幸存下来吗？

最低价格将成为历史？

超市自出现以来最突出的一个卖点就是实行最低价格。自助服务模式提高了生产力，规模经济为购物带来了好处。随着更多商家进入这个行业，低价的承诺已经不够，超市因此不得不靠增加产品和提升服务来实现差异化。

营销专业的学生在学校学到的是必须做出选择来定位自己，所以如果你想提供最低的价格，你就无法提供最好的品种；相反，如果你投资高档的商店，你就不可能是最便宜的。对于阿尔迪（Aldi）在国际上的早期成功，事情很简单：作为一个分销商，它可以承诺低廉的价格。面对没有灵魂的商店和有限的商品，消费者只能享受平庸的服务。相反，提供全方位服务的超市不仅能提供温馨的环境，还能提供新鲜的农产品和热情的服务，但是价格肯定会较高。不过不用担心，市场还没有饱和，仍然有足够的发展空间。

零售轮转理论指的是新的零售组织在开始都采用低价格策略，并在此基础上一步步完善自己。但是这样的理论到了20世纪80年代末和90年代初发生了变化。由于市场已饱和，所以要努力争取市场份额。超市连锁店不仅要挑战经典的“价格/服务”二分理论，同时还要利用它的优势。零售顾问汉斯·艾森克·斯梅茨（Hans Eysink Smeets）称这种趋势为“毫不妥协”，即赢家可以不用去权衡价格和服务之间的问题。这种理论也适用于非食品零售商，想想成功的H&M，Zara等快时尚连锁店的例子吧。

在比利时，我们看到了库勒鲁迪的成功。它能将最低的价格、种类齐全的产品、优质新鲜的农产品和平易近人且素质佳的员工等众多元素结合在一起；在英国，乐购采用了相似的做法；在荷兰，Jumbo以类似的方式推出了Zeven Zekerheden；在法国，E. Leclerc有着惊人的发展；在西班牙，最后的赢家是Mercadona。例子还有很多，但逻辑总是一样的：消费者不会再接受妥协，所以零售商必须提供低廉的价格、齐全的物品和无可挑剔的服务，所以上述这些商家都很快夺取了市场份额，迫使竞争对手做出对应。

在过去的10年中，几乎所有零售商都试图在成功中做到“不妥协”。阿尔迪和利德通过提高服务水平，在产品中添加新鲜产品和A品牌，美化店铺，扩大客户群等措施进入到图16的右侧。一直以来，更多以服务为导向的公司，如比利时的德尔海兹、家乐福、荷兰的阿尔伯特海津等，它们走的都是低价策略，因此它们也在向右上角移动。

这种“不妥协”举措带来的后果是毁灭性的，因为现在每个人都要在一个规模越来越小的竞赛场上与其他人竞争。这种情况导致了价格和促销活动的无情战争，利润率不仅备受压力，而且供应商还面临缺货难题。在比利时，家乐福、德尔海兹、科拉（Cora）和万客隆等连锁店被迫进行重组。这场价格战有没有解决办法？

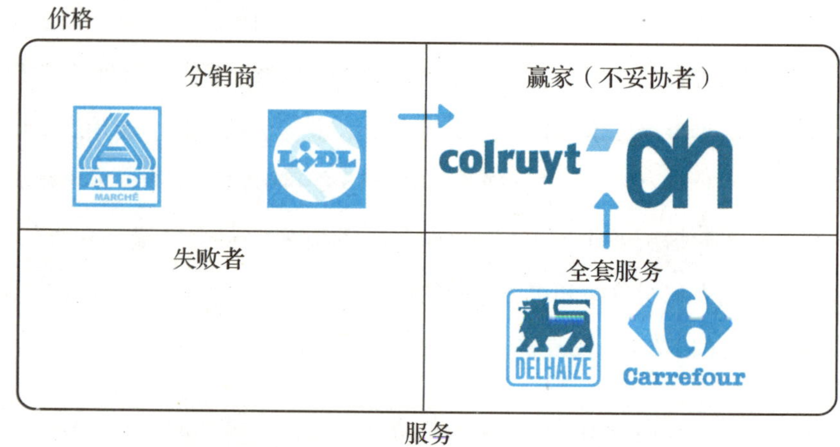

图 16　价格 & 服务，不妥协模式

无论如何，图 16 这样的划分可以让新的参与者有机会与竞争者区分开来。CRU，Eataly，d'Ici 和众多饭店属于右下角；低端零售商，如 Action，属于左上角。另外，许多在线企业，如 HelloFresh 也都位于右下角。不过，当阿尔迪在英国推出在线葡萄酒商店和利德在其他国家推行非食品产品在线供应时，一个问题便提出来了，那就是在线销售折扣产品的商家是否还有一席之地？

市场营销学教授马塞尔·科斯蒂恩斯（Marcel Corstjens）在其 2015 年出版的著作《进军》（Penetration）一书中质疑这样一个问题：为什么超市连锁

店未能将和供应商谈判获得的优惠购买条件转化为更高的利润？虽然食品行业零售商的盈利能力明显低于大品牌，但是这些制造商却一直在抱怨大型零售商滥用权力不断降低价格。这好像有点问题吧？如果零售商如此强大，他们就应该更富有，难道不对吗？

科斯蒂恩斯称这种现象为“罗宾汉综合征”，即像罗宾汉从富人那里偷钱给穷人一样，食品零售商迫使他们的供应商提供越来越多的优惠，以便客户享受这些优惠。零售商只对供应商行使权力，不会对顾客行使权力。由于消费者看到零售商之间几乎没有本质区别，所以他们很容易从一家超市转移到另一家超市。零售商深知这一点，所以它们选择最快、最简单的方法来让自己有别于他人，那就是采取价格竞争。不过他们也充分了解价格优势只能使他们处于短暂的领先地位，而竞争对手的反击也会立即将这种优势化为泡影。

超市连锁店被迫吸引尽可能大的客户群，这使差异化变得更加复杂。

超市的商业模式特点是固定成本高、利润率低。无论超市一天能有 100 位顾客还是 10 位顾客，它在房租、运营和员工方面的开支都基本一致。所以超市连锁店被迫要去吸引尽可能大的客户群，而这也会使差异化变得更加复杂。与品牌制造商相反，超市连锁店没有特定的消费群体，所以它们只能开发补充性服务。当超市策略明显有效时，超市的做法还可能立即被竞争对手复制。另外，消费者根据口碑似乎愿意为更好的客户体验付出更多。因此对食品零售商来说，差异化难道不存在吗？

寻求差异化

消费者往往按照邻近度来选择商店。他们更喜欢在去学校和/或工作的路上购物。西欧是一个发达且人口密集的地区，消费者家的附近通常可以有四、五家超市供其选择。消费者并不一定只去离家最近的超市购物，所以离消费者家最远的超市应该用更好的理由来说服消费者并超越前四个竞争对手。

即便超市做出违背其意志的选择，它们也必须做出选择。没有人可以成为最好的。虽然提供有吸引力的价格仍然是最低标准，但超市必须开发消费者愿意支付的额外服务，因为这些服务不容易复制，而且回本很快。

如果超市能在规模越来越小的市场中进行有效竞争，就说明必定存在一些竞争的方法。下面让我们探讨一些实现差异化的潜在途径。

从价格上实现差异化

常识告诉我们，总会有最便宜的一家。但是，在大多数市场中，不同的商家都在努力提供最优惠的价格。几乎所有的欧洲国家都有阿尔迪和利德，但在许多国家，消费者还可以选择当地的折扣零售商店，如法国的 Dia、荷兰的 Dirk 和 Nettorama 以及比利时的库勒鲁迪。这些超市同时存在于一个地区是有可能的，因为这首先是顾客选择的问题。不过这种顾客想要选择去最便宜的超市的想法并不总是符合现实情况。因为低廉的价格可能是和生产商协商或经过充分研究的促销活动的结果，所以这并不一定意味着每一天每种产品都是最低价格。

阿尔迪和利德不可能声称它们总是保证最低的价格。它们能提供的低价格是综合因素的结果，例如产品价格本身低（当然）、商店环境平庸、品种有限、有吸引力的促销活动等。不过感谢它们的国际规模，这可以让它们以优惠价格进货并保证商品质量。对于可以提供低价格的竞争对手来说，规模的大小似乎是很重要的条件（想想沃尔玛、亚马逊等）。

让人称奇的是比利时折扣连锁店库勒鲁迪。由于它的独特定位，它可以保证每天每一件产品的最佳价格，即使是在临时促销的情况下，它也会对竞争对手的每次降价行为做出回应。虽然库勒鲁迪没有阿尔迪和利德的购买力，也没有像家乐福、德尔海兹或麦德龙集团这样的规模，但它可以通过一个极具成本效益的组织和一个智能的本地定价系统来实现它的承诺。然而，问题在于，在无国界的网络世界中，这种定位是否可以一直持续下去。所以今天我们看到库勒鲁迪集团通过创新的定制产品策略和开设新型商店的策略实现了差异化，毕竟价格不再是最有力的竞争因素。想想提供低价位产品的 Okay、Bio-Planet、美特好和 CRU 吧。

高档化

虽然食品市场受价格主导，但是零售商可以通过提供高产品质量的方式使自己脱颖而出。这样他还可以提高产品的价格。不过前述的情况会导致市场渗透（盈利，超市必须触及尽可能广泛的客户群）和市场划分（不是每个人都愿意或能够支付更高的价格）难以平衡。

德尔海兹的故事说明了这个做法是多么危险。由于市场份额超过 24%，因此德尔海兹并不是一个利基商人。德尔海兹希望通过提供高质量和产品齐全的策略来吸引所有比利时人，而这种政策自然会导致产品价格要比一般超市的高。然而，改变价格存在危险。在 2008 年金融危机后，德尔海兹决定将重点放在节约成本和降低价格上。它通过缩减产品种类实施了这样的决策，然而他得到的是客户愤怒和市场份额倒退的结果。从那时起，德尔海兹回到了最初的定位，并依靠合作伙伴阿霍德集团的专有技术来获得利润。

在食品领域，受欢迎的高档产品通常市场占有率较低。凭借其高端定位，英国公司 Waitrose 希望获得第 6 名的位置和超过 5% 的市场份额。亚马逊的全食超市尽管在美国和英国享有盛誉，但它也和 Waitrose 一样是一个利基市场。在比利时，家乐福经营一家而且是唯一家名为 Rob The Gourmet's Market 的奢侈品超市。2015 年，库勒鲁迪推出了 CRU“生鲜市场”，这不是超市，而是由同一屋檐下的 10 家零售商组成的市场。该市场最多可以一次容纳 20 个零售商。

家乐福的创新愿望

为了抢占市场制高点，家乐福正在全欧洲尝试推出新型商店。它在西班牙首都马德里开了一家高档版的家乐福（Carrefour Express）快速便利店。这家店位于 Calle de José Ortegay Gasset 商业街，那里奢侈品牌汇集如云，如阿玛尼、香奈儿、迪奥等。Carrefour Express 面积 160 平方米，销售近 3700 种产品，并优先考虑新鲜产品。马德里的这家店可谓是家乐福超市的美食版，顾客在那里可以找到美食产品和杂货。家乐福意大利的子店家乐福 Market，专注于真正的美食，并提供当地以及世界各地的美食。例如，顾客可以在现场烤咖啡豆。

位于法国巴黎圣马塞尔地铁站的家乐福 Market 最近开业了，该店的装修似乎采用了美食版的一些元素："都市时尚"风的装修使用了大量的木制家具，新鲜农产品货柜特别关注有机和营养食品，供应充足的葡萄酒部门提供送货服务。但是 Courmet（美食家）的标志却在任何地方都不可见。与此同时，家乐福在波兰华沙开设了一个高级市场。这是一家依靠数字技术和创新技术的创新超市，例如超市提供肉类烟熏室或者榨汁机，顾客可以把选择好的水果榨成果汁。

在布鲁塞尔沃吕韦—圣彼得市的一个高档小区，家乐福 Market 开了一家 Highlife 版超市[㊀]，这是一个明确定义为顶级商店的商店。该店布局具有吸引力、现代性和真实感，其装修的材料一般采用的是保暖性材料，如木材和砖。在这个超市，鲜食区发挥了重要作用，客户可以从那里找到一些新鲜食物，例如烤箱烤制的烤肉、新酿葡萄酒、各种有机产品以及其他家乐福市场商店中未发现的新品。

㊀ 家乐福公司按照一定需求，开设了形式各异的小型超市。文中的 Highlife 是其中一种形式。——译者注

一些成熟的超市试图到处推广优质概念，这些地方通常是不太注重价格因素的地区，如购买力较高的街区或旅游区。

“便利性”是解决方案

很长一段时间以来，我们认为便利店在超市和其他大型超市的打压下消失了。但情况并非如此，便利店现在正在经历复兴，诸如城市化、老龄化、个性化和流动性等社会因素刺激了大众对便利店的需求。另外，这些便利店通过延长营业时间，提供广泛的产品和服务，提供有竞争力的价格等因素也为自己获得了加分。在欧洲所有的国家，大型零售商已经计划开设或部分已经开设了这样的便利店，如 Carrefour Express、AH to Go、德尔海兹 Shop&Go、美特好 Express、乐购 Express、Daily Monop……

便利店现在正在经历复兴。

对于街区便利店，价格不是决定性因素。便利店吸引人的地方不在于促销活动，而是在于位置、便利、速度、服务以及提供的产品等可以满足即时消费的需求。另一方面，便利店提供的服务还考虑到了邻里和路人的需求，如膳食服务、送货上门服务、委托洗衣和熨烫服务、包裹递送、修鞋、照片打印服务等。当然，Horeca 的元素也是便利店吸引人的令一个地方。无论是在市中心还是在农村，便利店像以前一样，重新进入当地社区生活中。当然，现在的方式和以前的方式肯定有所不同。

提供水管工的便利店

在都灵市中心开放的家乐福 Market Urbano 提供新奇的特色服务。在商店里客户可以打印照片、洗衣或撤销网上订单。乍一看这没有什么特别的，但是原创性在于家乐福还为顾客聘请了几位 9~21 小时待命的服务人员。任何需要电工、锁匠或修理工来维修热水系统或空调系统的顾客，都可以去商店寻求帮助。对于这项服务，家乐福与欧普环球援助公司（Europ Assistance）合作，希望在未来提供更多服务，包括儿童保育服务等。

便利性是速度的代名词。购物过程中最难忍受的环节便是排长队结账，因此零售商要确保顾客在最佳状态下度过这一环节。Franprix 是法国卡西诺（Casino）集团旗下的便利店，它目前正在测试一种新的支付系统。商店的所有员工都配备小型扫描仪、平板电脑和付款终端，以便顾客可以在货架那里直接付款。排队结账现在已成为过去式。

本土商业作为一个新标准

没有相同的两条街区，正如我们在“商店的未来”一章中所看到的那样，每个街区在购买力、文化背景、平均年龄和家庭构成等方面都存在相当大的差异。只有很好地预测顾客的需求，超市和便利店才能突显自己的差异，摆脱毁灭性的价格竞争。例如，如果附近建立了许多企业，那便利店销售三明治就是有利可图的。

集中管理的连锁店有时难以给商店经理所需的自主权。独立承包商更关注当地需求，而这就像是他们的第二天性。由于独立承包商更接近他们的客户，所以特许经营公司在各方面往往都比子公司表现得更好。

本土产品在大型和小型超市中增长强劲。连锁店坚持本土根源，与当地生产商建立合作关系，以便体现差异化和获得商誉。正如比利时家乐福本土产品项目计划那样，商店开始提供越来越多的本土产品。对此，家乐福已经起草了宪章（生产者需要的），保障小生产者（地方）和连锁店的合作。通过这种方式，家乐福还吸引了另外的目标受众，如游客、美食家等。反过来，在和当地生产者建立联盟时，管理者享有很大的自由。

对于超市来说，上述做法可能是一种回应当今消费日益增长的需求的一种方式，这种方式我们称之为“短链”。通过“短链”，直接从农民或当地生产者那里采购的商家不仅对产品来源了如指掌，而且还知道每一分钱花在了何处。另外，短链还涉及社会和生态意识问题，例如我们常见的团体采购、农贸市场、直邮蔬菜、无包装商店、网上农产品商店等发展策略。由于所有这些措施有增无减，因此超市的市场份额开始缩减（虽然目前还是在较低的程度上）。

行业边界的消除是差异化形成的最终因素？

“不卖产品而是出售解决方案”，这是（食品）销售行业的新信条。当顾客饿了，你除了可以向他出售烹饪原料或是加热速食，还可以邀请他上桌并为他提供一顿美食。

越来越多的连锁超市正在测试食品服务的概念。虽然阿尔伯特海津已宣布数十家分支机构很快将配制咖啡区或餐厅，但它既不是第一家也不是最后一家打破零售和餐馆之间界限的超市连锁店。现在零售服务成为食品服务，反之亦然，两者的界限变得正模糊不清。荷兰人喜欢使用“模糊”这个词，这个词换个说法就是消除边界的意思。在美国，我们常用杂货商和餐馆两个词的缩写，即便利厨房（grocerant）一词。

这是一个全球趋势，或者热论的话题不是吗？不过，行业界限的消除不是一个新现象。20 世纪 80 年代，在加油站开设店铺就已促成了速食食品的发展。这种店铺主要服务忙碌的驾驶人员或出差人员，因为他们几乎没有时间吃东西。尽管食品服务公司最初的想法是要为出差的消费者提供服务，但这一想法在过去几年中不断发展，因为食品零售商已经发现了这一现象的潜力。它们已经开发出了出售包括三明治和其他速食在内的便利商店，如德尔海兹的 Shop&Go、AH To Go、Jumbo Foodmarkt City 等。

消费者不再考虑渠道问题，他只期望他的需求能立即获得回应。

这个概念背后的逻辑很明确，就是尽量 24 小时地为想吃东西的消费者服务。在这种理念下，消费者自然不再考虑渠道问题，他只期望他的需求能立即获得回应。虽然超市出售的每顿饭或速食食物都在损害 Horeca 行业的利益，但这却是它们获得额外营业额的机会。

超市意识到它们不仅要在彼此之间争夺市场份额，而且还要与任何销售食品的企业争夺市场份额，如快餐店、服务站的商店、企业食堂等。在争夺“吃饭份额”的斗争中，当超市知道速食带来的利润率略高于快消品带来的利润时，它是绝不放过每一分钱的。这也就解释了，为什么 20 世纪 90 年代的超级市场提供速食是一件那么火的事情了。

近年来，超市开始追求另一个新目标——体验。通过为消费者提供独特的购物体验，超市希望避免价格竞争并使自己在竞争对手中脱颖而出。它们还将这种体验视为反电子商务的武器。由于在互联网上很难与家人或朋友共进美食，所以购物中心为了顾客能够享受不一样的体验，开始提供日益多样化的 Horeca 的区域。在食品行业外，零售商则通过增加食品服务元素来实现差异化和创造额外的收入。例如，一家带咖啡吧的理发店或一家带酒吧的时尚商店等。另外，还有多少顾客不急于到宜家享受瑞典肉丸？

Horeca 和零售店之间的边界是开放的

商店里的熟食区到底是有利的竞争因素，还仅仅是一个有趣的噱头？在比利时，拥有一家正式餐厅的超市非常少见。德尔海兹是提供速食服务的先驱，过去曾测试过快餐店中店，不过之后便无下文。相反，它每个超市都有提供熟食自助服务的柜台，顾客可以购买各种小吃，如三明治、沙拉、烤鸡等。虽然熟食区的所有产品都可立即食用，但是超市不提供“堂食服务”。

现在，德尔海兹、家乐福和 Intermarché 开始设置寿司摊位。家乐福位于比利时 Les Grands Prés 购物中心的创新试点超市中设有咖啡厅和比萨店。当然，更不用说一直经营着自助式餐厅的万客隆。不过它的自助式餐厅并没有入驻商店。

在靠近布鲁塞尔的沃吕韦—圣彼得市，Lux Rob 超市（家乐福集团的一部分）开了一个非常受欢迎的午餐餐厅，其食品完全来自超市。CRU 是由库勒鲁迪集团开发的生鲜市场，目前拥有两家子公司。这两家子公司经营着名为 Cuit 的餐厅。但是库勒鲁迪集团旗下的 Bio-Planet 连锁店，它当中的餐厅却被关闭了。

2013 年，荷兰的 Jumbo Foodmarkt 成了“模糊”浪潮的真正发起者。这家商店融合了餐饮业的不同元素，提供比萨、面食、中餐、烧烤等各种食物。根据“烹饪、带走、吃”的理念，客人可以在现场用餐或外带菜肴。例如在比萨区，消费者不仅可以购买和外带现场制作的比萨，还可以购买配料回家自制比萨。

在布雷达开设第一家子公司后，Jumbo Foodmarkt 所有的荷兰连锁超市都不得不为客户提供食品服务。Plus 和 Dekamarkt World of Food 超市紧随其后。阿尔伯特海津则计划等到 2017 年。2017 年年初，阿尔伯特海津在现有的子公司中推出了 Deli Kitchen 和 Bakery Café。Bakery Café 位于超市入口处，在那里消费者可以购买 Perla 品牌的三明治、果汁和咖啡。位于商店中心的 Deli Kitchen 餐厅，工作人员会给顾客提供新鲜的美食，包括沙拉、比萨饼、烤鸡等。在那里，顾客还可以自己配菜，并将配好的菜肴外带回家或在商店中享用。另外，Deli Kitchen 和 Bakery Café 还为顾客提供一个可以坐下来品尝菜肴的区域。

“边界消除”的潜力如何？

在欧洲的其他地方，食品零售商也面临消除边界的情况。家乐福在米兰开设了一个迷你市场，它既是共享工作空间，又是豪华酒吧和餐厅。Carrefour Express 的“Urban life”不仅是个便利店，还是一个集合了酒店、餐厅和咖啡元素（Horeca）的地方。在那里，顾客可以与朋友一起享用早餐、清淡的午餐或开胃酒。当然，它也是一家销售食物的餐厅。

这家商店并不大，有两层，面积略超过 120 平方米。在一楼，客人可以在自助快餐厅享用各式早餐、小吃、比萨和寿司。这一层还设立了自制冰淇淋区、沙拉柜台、果汁角、外卖区等。所有食品都可以堂食或外带。

据家乐福介绍，其创新点主要在二楼——一个拥有舒适沙发的共用工作空间。在那里，顾客可以放松身心，享受 200 多种来自世界各地的啤酒或者食物，营业时间为每天 7:00—22:00。按照意大利的习惯，顾客每晚 18:00—21:00 之间可以享受欢乐时光。

麦德龙旗下的大型连锁超市 Real 在经历了一段停滞期后，于 2016 年年底推出了一个依靠新鲜产品和技术的创新超市。超市面积约 11 500 平方米，Horeca 区位于这个超市的中心位置。顾客可以在超市内找到一个拥有 110 个座位的比萨店和一个可容纳 70 人堂食就餐的花园餐厅。超市提供的产品根据季节而有所不同，并且菜肴全部当着顾客的面准备。新鲜食物区提供多重选择，如沙拉、比萨、牡蛎、寿司、烧烤、素食、有机食品、糕点、酒水等。

由于千禧一代和年轻一代的生活态度与其前辈不同，所以食品领域的模糊概念有巨大发展潜力。虽然千禧一代和年轻一代对质量、真实性和体验有着较高的要求，但他们很少自己做饭。另外，由于现在的休闲餐非常注重口感和健康，所以非常受目标群体的欢迎。世界各地的人们都非常喜欢“健康”快餐连锁店，如 Exki，Foodmaker 和 Le Pain Quotidien。

提供一些即时食品对超市百利而无一害。事实上，超市会通过店内餐厅，或者通过提供准备好的餐点，或者通过设置沙拉区、寿司区等方式提供速食。但是做这件事必须周全考虑每一个因素，当生鲜电商 HelloFresh 出现后，每个食品零售商（包括亚马逊）为了保持竞争力，也开始提供膳食速递服务了。

快消品终于上线了

数字化已经掀起了音乐、文学和电子领域的革命，它是否能引发食品市场的革命？目前，食品领域的电子商务市场份额仍然非常有限。根据凯度（Kantar Worldpanel）2016 年的数据，比利时约 1%、荷兰和美国不到 2%、法国略高于 5%、英国近 7%，而韩国超过 16%。

大型超市不愿意投资电子商务。这是因为它们现在不但面临激烈的竞争、低利润和高固定成本等困境，而且它们还必须保证自己的大量不动资产（商店和配送中心）能够盈利。虽然食品零售商害怕自己的事业遭到蚕食，但是电子商务正在改变他们的商业模式。

这就解释了为什么食品零售领域的数字创新不是由最著名的零售商推动的，而是由外界企业推动的，如美国的亚马逊和 Peapod、英国的 Ocado 和荷兰的 Picnic 等，这些公司既没有厚重的历史，又没有成千上万名的永久雇员或价值不菲的房地产。

仅便利是不够的。

在线还是全渠道？

要取得成功，仅便利是不够的，食品行业的电子商务必须向顾客提供有意义的产品。在线提供的食品必须品类齐全且质量上乘，而且必须有价格优势。另外，在线提供食品时还需提供快速配送或自取服务。这就像 Zalando 在鞋类和时尚领域所做的那样，或亚马逊和阿里巴巴在所有领域所做的那样。

那么问题是：这可能做得到吗？目前，消费者不仅在每条街上都能找到超市和便利店，而且一些超市还延长了营业时间，并且提供价格具有竞争力的产品。这样的供应模式已经有数十年的历史了，如何才能减弱消费者对这种模式的依赖？对此，食品零售业现有两种截然不同的策略。

纯电子商务专家认为，网购是未来的模式，因为商家可以在没有实体店的情况下发展盈利业务。没有固定资产的公司在财务上有着优势，因此它们可以向顾客提供低价的产品。另外，它们可以运用新的数字技术，提供更快、更高效的配送。

Picnic 标志着超市的尽头？

荷兰网上超市Picnic是一个在线商店的好例子。根据联合创始人乔里斯·贝克斯（Joris Beckers）的说法，Picnic对食品业的贡献犹如Zalando对时尚业的贡献。Picnic公司于2015年9月在阿默斯福特成立，从那以后一直活跃在荷兰各地。消费者通过应用程序下订单后，公司会通过电动小巴免费送货。Picnic承诺提供最低价格，乔里斯·贝克斯对此声称："我们每天晚上会检查5万个价格。"

Picnic的与众不同之处就在于免费配送和最低价格，而大多数连锁超市选择了下单自取的模式，收取服务费而且不提供价格保证。建立电子商务公司需要的开支很大，而且食品行业的利润率还极低。但贝克斯说他们可以看到不同的事情：由于愿意支付配送费的消费者只占5%，所以他们将目标放到了其他95%的消费者身上，并以此为竞争优势。

尽管Picnic公司现在仍处于亏损状态，但由于在线购物者比实体店购物者更忠诚且平均花费更多，所以预计它很快就会盈利。对于采购方面而言，由于Picnic还没有购买力，所以通常需要与分销商合作。不过，亚马逊在这方面是一个例外。

贝克斯在Picnic发布会上告诉*Twinkle*杂志："两个阻止电子商务突破的概念是价格和长时间的等待。价格是因为现在配送成本很高，而长时间等待是因为准确交货的时间无法确定。所以我们决定采用一个能同时解决这两个问题的方法——食物冷链。我们没有精致的店面，但我们有智能汽车。"

Picnic 选择通过电动小巴进行配送，用户可以在自己的智能手机上追踪车辆位置，并实时了解自己的订单何时可以交付。

然而，大多数成熟的超市都不相信这种在线模式，而是选择下单和自提相结合的全渠道方式。它们认为实体店将继续在食品行业发挥重要作用，但希望通过其他不同的渠道互补现有店铺的缺陷。顾客可以有两种选择：要么像以前那样继续购物，即到商店购物；要么从家中订购，然后自取或等待配送。

虽然所有的大型和小型连锁超市都是全渠道超市，但是其中一些超市比另一些超市更具经营信心。举个法国市场的例子来说，由于大型连锁店已参与电子商务，所以法国超市只有极少数纯网商。这些连锁店在法国各地设立了大量提货点，以方便购物者快速地取走货品。这种情况加速了法国在线销售市场份额的增长。而在比利时，大多数食品零售商也设立了自提点，但目前它们还不是那么成功。

这是个可行的模式吗？毕竟电子商务的发展将不可避免地给实体店的盈利带来压力。另外从长远来看，全渠道商人也有可能被迫关闭门店或缩小门店规模。是否该彻底思考超市的概念？例如，部分超市可以设立提货点，或将提货点设立在餐饮商店之中。

自取还是配送？

超市投资自提点的原因很简单，因为配送成本非常昂贵。虽然消费者习惯免费配送，但“最后一公里配送”的成本实在难以控制。

超市展开电子商务以方便消费者。消费者的订单会在店中处理，订购的货物会被推着小推车的员工从货架上挑选出来。这种商业只需要极少的投资就能很好地运作。一旦消费者都选择这种服务，物流人员就会成为商店的真正障碍，因为超市不是配送中心，所以订单货物的拣选过程无法有效运行。

因此，电子商务自提点要想发挥作用，就需要特定的配送中心。通过配送中心，自提点可以运行得更加有效，还可将订购产品配送到家。法国大部分的自提点都根据这种方式运行，但是仍有部分大型超市还在从货架上分拣订单中的物品。

德国连锁超市艾德卡（Edeka）在盖莫斯海姆（巴伐利亚州）电子中心的超市停车场设立了自动冷藏提货柜。它的在线客户可以按照自己的时间（白天和晚上）去那里自提货物。该冷藏提货柜让人联想到邮局的自提柜，不过不同之处在于它有温度。冷藏柜可设定三种不同的温度，以便储存脱水、新鲜以及冷冻食品。目前，类似的自提柜正在慕尼黑机场以及奥地利的两家Unimarkt超市进行测试。

如果顾客不在家，是否还能进行配送呢？对此，一些零售商正在做出尝试。例如，美国公司克罗格（Kroger）已经与优步建立了合作关系，以确保快速交付。事实上，物流成本并非是设立自提点的唯一理由；另外的一个理由是，在配送时消费者必须人在现场，尤其是配送的产品是冷冻食品。但AmazonFresh、Picnic和Ocado证明了消费者不在场的配送是可行的。在比利时，德尔海兹在2016年就意识到消费者对送货上门的兴趣远高于预期。尽管配送成本为9.95欧元，但配送服务在推出后就立刻获得了成功。

ICA 瑞典超市直接配送至顾客冰箱

瑞典最大的连锁超市ICA目前正在测试一种新的电子商务，即将新鲜食品直接配送到顾客的冰箱，即使他不在家。这个系统由于智能锁而成为可能。

该项目是ICA、邮政运营商PostNord和“智能家居”领域的初创公司Glue之间的合作项目。Glue开发了Glue智能锁（Smart Lock Glue）。这是一种智能数字锁，居民可以使用自己的智能手机进行远程控制。该项目的主要好处是他不必待在家里等待货物被配送。

当快递员来到家门前时，顾客会收到一条要求他打开大门的通知。开门后，邮递员会将配送的货物放入冰箱。然后顾客会收到一条消息，通知他产品已交付并且门已正确关闭。

2016年夏季，ICA大约40户斯德哥尔摩家庭测试了这 概念。该零售商预计在线食品销售量将增长38%。ICA Sverige首席执行官安德斯·斯文森（Anders Svensson）说：“感谢这一创新，它有助于我们研究购物的未来。这项服务会让我们的顾客生活更轻松。”

让订购更容易

最后，电子商务企业想尽办法地让自提和订购变得更简单。使用亚马逊Dash按钮，只需点击一下即可向顾客配送全新的洗衣剂、卫生纸或剃须刀刀片。亚马逊的Dash Complenishment Service（DCS）更进一步，该服务在库存耗尽时可以自动订购产品，至少对于那些拥有通用电气公司智能洗衣机的家庭来说是这样的。智能家庭和物联网的概念影响了零售。

在法国，零售商通过智能扫描仪来简化顾客的订购流程，顾客只需用扫描仪扫描快使用完的产品的包装即可。这还是一种制定购物清单的实用方法。家乐福以及欧尚和 Intermarché 都推出了类似服务。阿尔伯特海津目前正在荷兰测试此类扫描仪。该功能也可以轻松整合到应用程序中，库勒鲁迪、家乐福和德尔海兹已在比利时提供带有扫描购买的应用程序。

常用物品购买的订阅服务似乎也是一个有趣的途径。想想一美元刀片俱乐部的刀片、猫粮、咖啡、早餐麦片等产品，由于消费者通常会从同一品牌那里购买相同数量的产品，所以订阅服务可以每天供应产品。HelloFresh 的膳食速递服务是食品行业的一大趋势，这一理念很快被电商（如 Blue Apron，Smartmat）和普通连锁超市所追捧。

在这种情况下，为什么不向消费者提供价格优惠的自动配送服务呢？这样供应商不仅可以获得客户的忠诚度，还可以完全预测营业额。而对于消费者来说，这会让他摆脱一些麻烦。

电子商务的发展为品牌提供了直接面对消费者的机会。

品牌也会成为网上零售商吗？

电子商务的发展为品牌提供了直接面对消费者的机会。快消品经典品牌奈斯派索（Nespresso）的事情并非巧合。通过奈斯派索，雀巢公司成功地拓展了业务，而且还绕过了零售商直接接触到了消费者。奈斯派索拥有自己的分销渠道，包括在线店铺和实体店铺。

奈斯派索这样的做法有大量好处。首先，通过对整个供应链和产品的控制，奈斯派索可以对出现的问题迅速做出回应。其次，奈斯派索还无须与采购经理进行痛苦的谈判，无须花费推送费或书面广告费，还不用面临被挤兑出局的风险。最重要的是，奈斯派索可以直接接触最终消费者。不过由于奈斯派索不再享有使用铝盖的专有权，所以它现在面临着超市的竞争，并且还要被迫放弃选择性分销模式。

奈斯派索能否对其他的快消品品牌有所启发？也许吧，因为大家都在纷纷效仿“消除中间人”的这一做法。想想联合利华最近以高价收购一美元刀片俱乐部的情况，不需要零售商，公司通过剃须产品的订购服务便可直接与最终客户取得联系。在美国，宝洁公司通过向汰渍洗衣俱乐部会员家庭免费配送汰渍洗衣胶囊的方式对联合利华的行为做出了回应。另外芝加哥的汰渍推出汰渍 Spin 服务，并将其称之为“优步洗衣服务”（Ubérisation）。事实上，消费者可以通过一个应用程序选择一位快递员为他到洗衣店取衣。对于欧莱雅来说，其电子商务已占销售额的 6%。该集团认为奢侈品电子商务有着重要潜力。

在德国，食品巨头雀巢创建了雀巢 Marktplatz 网上商店。在那里，消费者不仅可以找到自己想要的信息，参加一些活动，而且还可以订购雀巢产品。据雀巢说，网店提供的产品是一般在超市中难以找到的产品。例如，在短暂访问该网站期间，我们的眼睛可以锁定在 Galak 白巧克力、雀巢黄金咖啡和 Qualite Street 的糖果上。不过，该网站不提供（尚未提供）新鲜产品和冷冻产品。

通过移动互联网和智能手机应用，高端品牌能够直接接触消费者。这样的例子不胜枚举，在此无须列举。不过许多品牌似乎都遇到两个难点：直销和消费者。直销很好，但是确保这种分销模式能够盈利并不是一件容易的事情。另外消费者不会轻易放弃超市（无论是在线还是离线），毕竟超市带来了一站式购物的便利性。

另外，战略并非没有风险。当越来越多的供应商成为零售商的竞争对手时，这可能会刺激到零售商。不过零售商的权力仍然非常重要，因为许多品牌 90% 的产品销售都要依赖超市，尽管它们的营业额目前是下跌多于盈利，但是这些品牌至少暂时还是不愿意投资电子商务。

另一方面，这些品牌正在采取措施收集有关在线购物的知识，因此它们与大型电子零售商建立了合作伙伴关系。互联网是未来的出路，这就是为什么像联合利华和宝洁这样的跨国公司决定投资数字创业公司的原因。现在，一些大品牌都对电商俱乐部、订阅服务、订购应用程序等展开了深入的研究。

明天的超市会是什么样子？

大多数观察家似乎都认为实体超市不会一下子从城市视野中消失。另一方面，由于电子商务给超市的商业模式带来压力并导致消费者需求发生变化，因此超市不得不转变以求生存。另外，由于存在商店饱和的风险，因此有必要减少商店的数量并减小规模。对于许多日常购物来说，实体店提供的产品没有或几乎没有附加价值，所以消费者喜欢去网上购买或通过订阅服务购买。对此，食品行业的零售商必须做出更加准确的选择。

超市的衰退已经可以预见。由于大型超市想要为所有人提供服务，而且它们在线上和线下的商业活动都饱受类别杀手[㊀]的竞争，所以它们正在失去市场份额。今天，一些商家，如家乐福或万客隆等，提出了新的概念，这些概念更多是依赖于体验，如提供新鲜产品或店面装修。为了方便大批量购买

㊀ 类别杀手是指通过廉价出售商品获得了市场主导地位的商家，比如 Zooplus。

的顾客，家乐福在其商店的入口处设置了提供啤酒和可乐的触摸屏自动柜，当顾客在商店逛了一圈后，触摸一下屏幕便可享用啤酒和可乐。而万客隆则决定将整个电器部门外包给 Media Markt。现在，大家都在创新。

数据

为什么零售商、科技公司和品牌继续对处于亏损状态且目前盈利缺乏前景的电子商务进行投资？因为电子商务带来了这些公司没有的东西，即关于消费者的数据、信息和购物行为。这些信息所包含的数据远远超出了零售商通过会员卡和收银机收集的数据。

虽然亚马逊最初只是网上书店，但它现在几乎可以向数以亿计的顾客提供任何产品。这得益于它庞大的网上购物行为信息数据库。现在亚马逊开设了实体店，它通过全食获得了一定的日用品市场份额，而且可用的信息也正在呈指数级增长。通过这些信息，可以对消费者的购物行为进行预测。这就是为什么 Amazon Go 需要通过一个数据应用软件运作的原因。同样，诸如 HelloFresh 和一美元刀片俱乐部或欧莱雅在线活动等平台的主要目标，也是收集数据并从中受益。

亚马逊的目标是加强和高端品牌之间的关系，并说服它们改变商业模式，希望它们不要继续和大型连锁超市进行合作。据亚马逊称，选择电子商务是未来的发展方向，与亚马逊建立合作伙伴关系的公司会更好地在一小时内为顾客配送，这样顾客就不用去超市了。与此同时，亚马逊可以从中收集大量与日常商品消费的相关信息。由此可见，知识就是力量。

与此同时，亚马逊可以从中收集大量与日常商品消费的相关信息。

传统零售商需要学会如何在没有像亚马逊或阿里巴巴等大型平台的环境

下生存。这对他们来说公平吗？这需要看情况而定。首先让我们分析一个深知自己应该做些什么的小型零售商的举措。比利时连锁超市库勒鲁迪一段时间以来一直在开设本土产品零售店，该店不仅销售日常用品，它还和一些网上商店，如 Dreamland、Dreambaby、ColliShop 或 ZEB 合作，出售诸如室内设计、玩具、家电、维修甚至时尚等类别的产品。另外，自 2017 年 4 月以来，为了方便顾客，库勒鲁迪的顾客便拥有了一个用于该集团所有网上商店和实体店的账户和一张用于所有商店的 Xtra 会员卡。

任何一家公司，包括亚马逊、脸书和谷歌，都不如库勒鲁迪更了解比利时本土消费者。比利时的国土面积的确不大，但库勒鲁迪认为它仍然有很好的增长潜力。无论它们在那里，什么都不能够阻止强大的本地零售商运用与当地顾客亲密的关系来获利。所以，亚马逊不一定是赢家。

我们明天会在货架上找到什么？

在未来几年，超市的概念不仅会受到质疑，而且货架上供应的产品也将发生根本性的变化。在未来，食品必须更健康，而科技创新将对食品质量产生重大影响。

定制食物

近几十年来，大部分大型食品生产商都投资开发了美味、可口、价格实惠的食品，这些特征都是消费者无法抗拒的。为了实现这一目标，它们精心控制糖、盐和脂肪剂量来制作标准化食品。我们必须承认它们做得很好，因为今日诱惑无处不在。

由于天价的社会成本已成定论，所以对监管的需求变得越来越迫切。个人必须保护自己，就像他开始远离烟酒那样。如果食品工业不自律，政府就会施加限制。不同的国家和城市正在推行糖或脂肪税，而世界卫生组织表示赞成当局进行的这种干预。

在比利时，食品行业签署了一份营养政策宪章，旨在减少消费者的卡路里摄入量，直至低于5%，并通过添加纤维或减少饱和脂肪和糖等方式优化食品。此前，该行业通过“盐公约”（2008—2013 年），将消费者食盐摄入量减少了 10%。我们目前有技术可以使某些食品更加健康而口味却不会改变。

每个人对食物的需求不尽相同，而这些需求取决于我们的体质、行为，甚至是我们的遗传基因。患有过敏和不耐受症的人可以在商店中找到适合自己的产品，如无淀粉、无乳糖、无糖的食品等。此外，食物需求随着我们的生活一直在变化。由于我们认为在任何超市中找到一系列婴儿产品是完全正常的事情，那么从这个意义上说，商店推出更年期妇女或老年人产品并非天方夜谭。另外，在不久的将来，消费者能够从营养建议中受益。这些建议是依据科学研究得来的，为我们的 DNA 量身定制。

寻找可持续的蛋白质

为了养活日益增长的世界人口，一个地球似乎已经远远不够。动物蛋白的需求随着经济繁荣而上升，但现在的问题是海洋过度开发，肉类生产既不环保也不高效。不过，科学家却说能够做得更好。

牛消耗 1 公斤饲料和近 2500 升的水，才能为我们提供 150 克牛肉。

牛消耗 1 公斤饲料和近 2500 升的水才能为我们提供 150 克牛肉，所以我们不能以这种方式继续养活世界人口。但是，在这种情况下该如何做？那就是人造肉。人造肉可减少 80% ~90% 的温室气体排放量，减少 45% 的能源使用量，减少 90% 的用水量，减少 99% 的土地使用，而且不再需要杀死动物。

该领域的先驱是荷兰马斯特里赫特大学的马克·波斯特教授。他是第一个能够在牛的一块肌肉组织基础上繁殖细胞，并用生出的肉做汉堡的人。2013 年，第一个人造肉汉堡问世，价格为 25 欧元。但据波斯特称，在几年内，生产成本可能会降至 11 欧元。他的公司 Mosa Meat 的目标定位是在大型有机反应器中生产“非动物肉”，而有机反应器与用于生产奶酪的那些反应器没有太大差别。为此，公司得到了谷歌的创始人之一谢尔盖·布林的资金支持。

昆虫具有很高的营养价值，易于饲养，不需要太多空间，可以给人类提供可食用的蛋白质，并减少温室气体排放。在许多超市中，消费者现在可以找到以昆虫为原料的产品。这是一些以蝗虫、蚱蜢、粉虫或水牛蠕虫为原料制成的小吃、涂抹酱和肉类替代品。昆虫饮食在 2014 年取得第一波成功之后，向超市和餐馆进军时，由于营业额似乎未达到预期设想，产品逐渐从实体店中消失。这是成本太高，还是消费者无法接受而造成的呢？

通过使用昆虫制作家畜饲料，也可以改善肉类生产的可持续性问题。虽然欧洲立法尚不允许，但是市场上已经出现了第一款以昆虫为原料的宠物饲料。例如，QiZen 品牌的狗粮是以昆虫粉制成的有益健康的食品，是一种可持续的超级食物。也许未来，一条年老的狗会让我们重新审视我们现在的看法吧？

3D 打印食物

许多行业都认为 3D 打印是未来技术。这个概念是否也代表了食品行业的一些观点呢？作为消费者，将来我们也许不会购买成品，而是购买一种可用作烹饪基础的食品墨盒。

尽管3D打印机主要是针对专业市场，但目前不同的食品分销商正在测试这个概念。例如，巧克力生产商嘉利宝（Callebaut）正与荷兰的初创公司合作，开发一款巧克力3D打印机。该机器可以帮助巧克力制造商开发独特而创新的巧克力产品。意大利面食制作商百味来（Barilla）在2015年米兰世博会上展示了一款面食打印机，能够制作出即使是有经验的厨师也无法做到的3D形状。显然，该设备只是为给那些想要给顾客提供非凡体验的意面餐馆而开发的。

在2016年夏天，伦敦迎来Food Ink餐厅的开幕，该餐厅提供了价值约300欧元的九款3D打印菜品。这无疑是一种独特的美食体验，但目前该技术并没有取代厨房。

绿植超市

继柏林的一个试点项目之后，麦德龙于2016年8月在安特卫普开设了第一家高科技垂直农场来吸引大众的眼球。店内25平方米大小的一块地方种植着新鲜香草，在适当的LED照明下，香草更美味、更有营养。另外，消费者也可以在此找到一些稀有品种。

几周之后，德尔海兹宣布计划于2017年在伊克塞尔的一家超市的屋顶建一个320平方米的菜园，并种植樱桃番茄、生菜和茄子。虽然这个举措和布鲁克林全食超市的策略有点如出一辙，但德尔海兹却是欧洲第一个吃螃蟹的人。超市是否打算与园艺师和市场商贩一较高低？

事实上这是两种截然不同的理念。原则上，屋顶菜园不仅有助于生物多样性的发展，而且超市还可更有效地利用空间。另外，屋顶种植使运输变得多余，因为现在仅需将蔬菜从屋顶搬到楼下到商店货柜即可。通过屋顶种植来节省用地的想法并不新鲜，著名的建筑师勒·柯布西耶早已提出类似的概念，因此屋顶种植不过是勒·柯布西耶理论的实际应用罢了。

在 LED 照明下生长的蔬菜是一种高科技的园艺方法，不仅合适的光谱保证了植物的最佳生长过程，而且蔬菜生产更高效（可以在不同的叠加层面上种植）。由于不需要使用农药，蔬菜的质量也更高。此外，这种种植方式可以在不寻常的地方完成。例如在伦敦，这种种植项目是在废弃的避难所和地铁走廊中实施的。

麦德龙和德尔海兹的举措得到了媒体的关注。但是，两家零售商拒绝承认它们的做法是营销策略。由于城市园艺是对城市化和人口增长的回应，所以两家零售商都认为这种种植可以有所盈利。事实上，城市园艺回应了环保消费者的需求，因为对于他们来说，他们并不看重价格，他们需要的是本土、生态和高品质的产品。

第 7 章 每个人都是零售商

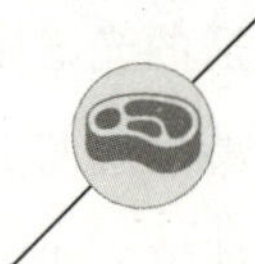

全新的客户旅程

客户旅程始于消费者的购物冲动，终于支付购买，在此过程中，个人和品牌（零售商）通过短暂的微观时刻不断地相互接触。我们正在朝着全新的营销方向发展，现在品牌依据消费者的喜好提供产品，而消费者过去只能购买品牌提供的产品。在购物的未来中，价值链中明确定义的角色将会消失，客户旅程和价值链呈现线性的可能性会越来越小。每个人都是零售商、生产商和消费者。

无论愿意与否，每个人的生活都离不开大数据。

无论愿意与否，每个人的生活都离不开大数据。目前，在线搜索的结果被过滤了，以便只显示与个人相关的数据。另外，通过更加个性化和针对性更强的方式对市场进行划分后，消费者将依此被分成不同的类型。在未来，零售商将主打定制产品，消费者的专属商店也会纷纷涌现。今天的情况已经如此，无论是主动的（应用程序和网上商店提供符合消费者需求的产品）还是被动的（大型零售商依据客户信息在线提供个性化产品）。总之，越来越多的购物者将创建他们自己的商店，他们既是组织者又是管理者。我们正处于零售和购物革命的前夜。

在价值链中，个人也可以成为生产者的设计师。通过众包和共同创造，消费者与品牌和制造商建立了伙伴关系。最终，用户料想制造商（品牌）会回应他们提出的需求，因此他们认为得到回应是应该的事情。如果有必要，最终用户会自己回应自己提出的需求（C2B）。标准化并不适合所有人，因为消费者不仅非常多元化，而且还非常重视他们的个人身份（千禧一代尤其如此）。在未来，产品定制的需求将显著增长。超个性化的产品和相应的服务将成为发展主力。

为什么不自己做这一切？现在短链经济正在蓬勃发展。C2C 经济模式的出现扰乱了现有的经济模式，虽然它还存在一定的问题（想想优步或爱彼迎），但它绝对是未来的发展趋势。短链的发展不可阻挡，因为消费者成了生产者，跨过了所有的中间商。想要推销自己产品的个人比以往更容易进入市场，平台为那些想要向消费者提供产品（不论是否属于他们自己的产品）和服务的人提供了数字空间。创建属于自己的商店从未如此简单。

品牌和制作人力图掌控整个价值链，并在网上与目标受众直接对话。旗舰店、自有品牌平台、快闪店、店中店、自动采购智能设备等，所有这些都让传统零售商变得多余。物流服务提供商、IT 公司和初创企业成为零售商。荷兰邮政创建了自己的在线服务超市，命名为 Stockit。Stockit 提供购物服务，常用家庭用品可以通过购物服务购买，并在每周或在必要的时候为顾客配送。另外，购物服务可以通过 WhatsApp 进行操作。在德国，敦豪很久以前就有自己的在线超市 Allyouneedfresh. de 了。

零售商在购物的未来中仍发挥重要作用吗？当然，但一切会有所不同。让我们来看看消费者以及零售商在未来的样子。

全新的客户旅程

星期一 19：04

你的智能手机会通知你，快递员将在 26 分钟内已将你的货物送到家。事实上，你的 GPS 屏幕也会提醒你：面包车仅离你两个街区，你本周的购物马上就会送达。在未来的家庭中，消费者的日常用品每周都会配送到他的手中。有时我们没有必要自己去订购，因为智能家用电器（物联网）在洗衣粉、厕纸、消毒剂和纸巾快用完之际会自动订购。

配送包装箱内有周一至周五的所有家庭餐点食材，其中还包括两份素食（孩子周五晚上会过来）。由于你的孩子周一、周二会住在你前任配偶的家中，所以餐饮配送还不会包含这两天的份额。另外，你可以通过增强现实应用程序了解菜谱、食物营养成分、产品来源等信息。

配送员会告诉你他去过你父母那里，看到他们在本周没有购买太多新鲜农产品，反而购买了很多速食。这可能是一个麻烦的迹象，因为他们可能是行动不便、难以烹饪。

星期二 20：27

当你观看电影时，你从主演的房间里看到你长久以来一直在寻找的窗帘。只需点击一下，即可访问面料生产商的网站并获取型号的序列号。你可以立即订购窗帘，但你的语音助理会询问你如果在离你近的地方无法订购或者无法以合适的价格订购时该如何处理。另外，它还会立即告诉你 3 个销售点的名称。这 3 家商店不仅会提供最优惠的价格，而且还会尽快处理你的订单。但是你仍然感觉这 3 家店很贵。

在这种情况下，你更愿意自己制作窗帘。你启动由面料生产商提供的创意应用程序，你可以根据电影中看到的颜色和图案来绘制自己的设计。你的窗户尺寸不是标准的，因此你可以将窗户和房间拍下来，以便应用程序为你计算确切的尺寸。感谢增强现实应用程序，你可以欣赏悬挂在房间中的窗帘。太完美了，而且你还无须离开沙发一步。

问题是现在由谁来做这些窗帘？面料已经订购，就差完成了。专门制作窗帘的公司很多，因此，你可以在社交媒体上发布自己的信息并且开始出价。半小时后，几家公司纷纷表示愿意为你提供服务。价格仍可能下降，所以你让他们继续相互竞争吧，反正你有的是时间等到最好的价格和最优质的服务。

星期三 12：00

今天早上，你和一家为你制作窗帘的公司见面。你选择这家公司，是因为它会当着你的面在车间里给面料印花，并亲自到家安装窗帘以确保万无一失。根据你的数字助理推送给你的评论，这家公司提供的服务似乎真的无可指摘。

事实上，你已经与安装人员进行了简短的视频会议，而且他符合你的心意。他将在下周来安装你的窗帘。你无须待在家里等他，因为你的家庭自动化系统会让你知道是谁在敲大门，并询问你是否可以让此人进入。当你看到安装人员时便会认出他，让他进家安装窗帘。虽然这家公司并没有提供最优惠的价格，但是它提供了最方便的服务！

你的智能眼镜中的语音助理会自动订一辆车，半小时后，它会出现在你家门前。

现在你必须去学校接孩子。你的智能眼镜中的语音助理会自动订一辆车，半小时后，它会出现在你家门前。汽车通知你，由于前面街道施工，今天会延误 14 分钟。汽车决定采取另一条路线。在路上，你还可以从学校旁边自提柜取走在线订购的衣服。

除了要在途中取衣服，智能汽车会直接开到学校并返回家中，除非你答应孩子们跟他们一起去踢球。这个球场位于郊区，但你的孩子们却在这时突然想起第二天体育课需要的东西还没有买。你无须开车去家附近的商店或者市中心的旗舰店购买，你所要做的就是选择送货或者去附近商店取货就行，因为一些品牌非常了解孩子们需要什么。但你的孩子想要自己选择和试穿运动鞋。这时你使用当地商人开发的应用程序便可，因为它会告诉你一家街角商店出售儿童运动鞋。另外，通过程序和店主取得联系后，店主会告知你有多种型号可供选择。

在店里，经理亲自迎接你，其实他已经准备了一系列鞋子。孩子们可以在跑步机上测试鞋子，也可以在一个含有巨大互动屏幕的暗室里测试鞋子。这个互动屏会将孩子们带入魔法森林进行比赛。但在此之前，机器人助手会先测量他们的脚，以便经理可以向他们建议最合适的鞋子。孩子们都很开心，你也感到很欣慰，毕竟难题如此迅速和容易地解决了。

上周末，孩子们在爸爸家是怎么过的？虽然爸爸的朋友并不很擅长做饭，但他喜欢在当地市场购买有机食品。不过他的口味有些奇怪，因为他会选择海藻或昆虫汉堡等产品。他做的饭常常很辛辣，因为这饭是他在定居叙利亚的祖母的实时指导下完成的。去中东超市是个不错的选择，在那里不仅可以品尝很多食物，还可以现场学习如何烹饪特别的菜肴。

星期四 19：48

今晚的食谱需要三巴酱，可惜家里没有。另外你想喝点小酒。好吧，我们快去附近的超市吧，它一直营业至午夜呢！一旦你到达停车场，通过你口袋里的智能手机，你立刻会被超市识别出来。你会收到一份通知，其中包含你的电子优惠券以及你的会员卡积分数量。信息告诉你，积分超过 15 分，你就可以兑换你梦寐以求的智能咖啡机。此外，你最喜爱的巧克力品牌今天为你提供 30 美分的折扣。这不是巧合，因为这是根据你的购买历史记录和你的客户资料信息经过计算提供的优惠。但是你不想吃巧克力，所以你要求你的 GPS 直接把你带到酒架那里。

你会很快找到一瓶好的葡萄酒。由于超市经理知道邻里有很多鉴赏家，因此他专门会为你推荐一些精致的葡萄酒。只要通过葡萄酒部门的触摸屏，就可知今晚最适合用餐的酒有哪些。最适合你的葡萄酒的货柜上的信号灯发出了信号，你只需将它取下购买便可。当你离开商店时，手提篮或购物车里的产品将自动被扫描。得益于快速结账系统，你完全可以移动支付。这避免了将时间浪费在排队等待中。

当你离开的时候，你向经理道别。经理和蔼可亲，他不仅不厌其烦地回答你的问题，而且还帮助一些老年人把他们买的东西放在了他们的汽车行李厢里。由于现在收银台上没有收银员，工作人员因此有更多时间帮助老客户。这是一个非常实用的方面，因为这意味着如果来到这个安全和愉快的环境中购物，你的父母将会得到很好的照顾。

星期五 19：07

饭后，按照传统，你该讨论家庭度假问题了。我们今年要去哪里呢？当然，你首先会咨询网友的意见。他们的建议是什么？一些朋友会给你一些特别的启发，而另一些朋友会给你发送一些假日照片。但这些建议并不足以让你做出决定。这时，一家大型旅行社的聊天机器人将帮助你，你只需要告诉它您的要求便可，例如一个预算不能太高的地方，孩子们喜欢的地方，飞行时间不能超过四小时的地方等。机器人根据你的标准以及大数据会给你一些不寻常的建议。

其中一个提案引起了你的注意。但是度假地设施如何？聊天机器人立即向你发送露营地点的 3D 录像，通过虚拟现实头盔，你被带到了摩洛哥。孩子们很喜欢这个提议，但你还没有完全下定决心，因为仍然还存在一些实际问题没有解决。这时，聊天机器人帮你和旅行社的工作人员进行了预约。周日 17 点左右，你将私下与他见面。旅行社完全明白，为客人制定度假计划，不只是在办公时间搞定，现在是可以通过预约完成的。不仅在旅行期间，而且在行程开始之前，顾客就能从完全个性化的服务中受益。无论你去哪个旅游公司，在那里，你都可以通过虚拟现实设备了解旅行社提供的旅游信息以及所有旅行指南（智能眼镜）。

星期六 11：00

今天，你终于有了一点自己的时间了。你早已经计划好和女朋友们一起散步，去买想买的东西了！在周四你已通过视频和艾尔玛聊过了。艾尔玛已经在你最喜爱的商店之一预订了一间集体试衣间，你和朋友们一起试了许多合适的裙子。这时，还有什么比一瓶香槟更能营造一点气氛的呢？艾尔玛在照片中非常漂亮，这张照片是她穿着裙子在虚拟试衣间照的。由于视觉增强技术，她会发现这件裙子有多适合她。

即使你以前从未见过商店员工，但当你到达商店时，你还是会受到热情的招待。这要归功于入口处安装的面部识别摄像头。另外，你的私人售货员——商店雇用的设计师知道哪些新产品会引起你的兴趣。因此，为了搭配你的女式衬衫，设计师会向你推荐配套的裤子（也许是你喜欢的类型）和原创的鞋子。好有趣哦！

结果：你订购了两件衬衫、一条裤子和三件衣服。对于这两件衬衫，商店里现有的系列里没有你要的颜色，而裤子和衣服则是你在网上看好的。幸运的是，你不必将它们拎回家，因为在三个小时内，所有物品都将被包装并配送到汽车行李厢中。一个成功的购物日！

全新的零售服务

零售发生了变化，它不再以产品的周转或销售为基础，而是以服务为基础。消费者不再需要产品，而是需要解决方案，这对于销售行业也一样。如果一个品牌想要在消费者的生活中发挥重要作用，它就需要先了解消费者的需求，然后为其提供一系列个性化的定制服务。

消费者不再需要产品，而是需要解决方案。

品牌销售的产品已是无足轻重的东西，因为即使在未来，零售利润率仍然会很低。为了给消费者和公司创造附加价值，现在需要的是能提升消费者生活水平的解决方案。商店成为服务中心，售货员则变成了提供服务的人。Prey Shoes 的首席执政官乔·丹福克斯说："在零售领域，有一个公式可以代表消费者的期望，即时间加上经验加上提供的价值。"

在未来，品牌制定战略时（零售商）将不得不考虑四个要素：

- 附加服务。
- 物流。
- 大数据。
- 媒体。

作为零售商而言，仅凭热忱欢迎客户的方式已无法达到差异化的效果。补充服务，如订阅服务和个人定制服务，不仅可以在品牌（零售商）和消费者之间建立全新的联系，而且还可以克服价格竞争的不利因素。作为一个品牌（零售商），问问自己消费者真正需要什么以及哪些服务能够满足他们的期望！多做点努力吧！

虽然最后一公里配送的战争刚刚打响，但它将持续很长时间。事实上，就时间而言，要赢得这最后一公里的战争，自动化技术是必需的武器。如果我们相信我们的预测，那么 40% 的家庭购物将很快通过机器对机器通信完成。机器会越来越人工智能化。当一个机器人问另一个机器人："你为什么不害怕？"另一个会说："因为我有钢铁般坚强的神经。"

数字技术在征服配送业之前是不会善罢甘休的。它们甚至会打破购物的基本程序。数字技术要实现的目标是，先了解购物者的心思，然后在他开始购买过程之前便进行下单和配送。

为了满足消费者的需求，大数据是一个关键因素。不仅一些全球科技公司现在正在设法捕获来自世界各地的数据流，而且当地的全渠道商家也能够充分利用自己获得的数据。另外，这些全渠道商家还可以从客户之旅的所有接触点和微观时刻中了解顾客们的需求。如果对相关数据进行准确分析，那么个人定制服务必会取得成功。

商店成为媒体，是所有商家和顾客沟通的渠道，是获得品牌客户想法和信息的地方。考虑到这一点，现在应该采用新的商业模式。这种新模式不仅以销售产品为基础，还应该通过沟通获得盈利，换句话说，应该将销售产品转移到培养与消费者的关系上。这样一来，你就可以按计算广告投资回报率的方法来计算你的商店的投资回报率了。

媒体公司也成为零售商，其商业生态系统内的沟通渠道就是它的销售点。例如，比利时服装连锁公司 JBC 与 De Persgroep 合作，在 ninashopt. be 频道发布广告视频。JBC 营销总监卡伦·海伦曼（Karen Hellemans）说："开展当地合作伙伴关系，提高认识，共同讲述品牌故事是未来。在数字化客户旅程的启示下，我认为品牌必须讲述故事。我认为购物视频是必须提供给顾客的服务。"因此要做的就是要创建一个商圈，并通过这个商圈将兴趣相同的人聚集在一起，通过这个商圈分享服务和产品。让每个品牌都成为媒介品牌。

当消费者购物时，51% 的决定是在了解了相关信息后下定的，而这些信息来自不同的渠道。由于没有一个销售人员能够对大量的在线信息做出准确的估计，因此品牌的自身价值和线上线下全渠道的整合显得至关重要。消费者期望品牌（零售商）不要太注重产品交易，他等待的是品牌能够提供更丰富的体验。正因如此，车迷想要购买环法自行车赛冠军克里斯·弗鲁姆（Chris Froome）的同款自行车，并不是因为弗鲁姆的自行车是最好的系列，而是因为骑上同款的自行车会有一种自己成为冠军的感觉。

信任，一种宝贵的资产

互联网是个无尽的货架，消费者总能以最优惠的价格找到最好的产品，尤其是当数百万的小型商家正在全球市场上共同竞争时。然而，任何无限的事情都会碰到“树木隐藏森林”的现象，因此消费者需要指导来帮自己理清头绪。

指南必须可靠。因此消费者希望通过公开性和透明度的方式来获得零售商或生产商的准确信息。对于消费者而言，这是他和商家分享相同观点、相同价值的唯一方式。所有成功的公司和零售商都会成为品牌，为此，它们必须讲好故事和做好身份定位。商店成为传播上述价值的一个媒介，成为一个服务中心，成为一个围绕品牌形成的社区交流中心。

品牌是身份的象征，有多少身份就应有多少品牌。跨国大型零售商 H&M 长期以来一直认为统一性已经过时，并意识到利基世界的出现。H&M 集团现在拥有许多的零售品牌，包括高端品牌（COS 和 Other Stories）以及前卫街头服装品牌（Monki，Weekday）。这让 H&M 成为一个非常精明的“个性化零售商”。

为了保持信任，与消费者合作是一个关键因素。当个人围绕品牌形成一个大社区时，他们就不再是被动的消费者，他们期望能够发挥积极的作用。共同创造和集体创新是一件非常明确的事情。在公司之间，信任对于未来的生存也至关重要。商业机密在信息透明度前不像以前那么重要了，公司独家创新无法对抗迅速的变革。因此公司和客户以及和其他公司共同创新，是赢得竞争的必要条件。

几十年来，零售商和快消品品牌采用自上而下的内部营销方式。过去，他们全靠自己在竞争日益激烈的市场上打拼；而今天，许多的创新者在竞争过程中都不再孤军作战。根据彼得·汉森（Peter Hinssen）的观点，传统企业是普通的农场，而相对于它们而言，创新企业是种植有机植物的丛林，那里充满新鲜事物。因此面对高速变化发展的挑战，需要集体思考和具有创造性，并以开放的思维去共同应战。

对于商店而言，合作也提供了丰富的机会。由于现在商店的运行不一定非要依赖产品和库存，因此商店的面积在减小。不过这个释放出来的空间可以发挥新的作用。例如，可以将它租赁给希望与消费者互动的供应商或品牌，或者在这个空间中展开共同合作，创建有价值的品牌。

未来的商业模式

想要零售业继续发展，就要开发新的商业模式。商店是独立的且盈利的销售点的想法已经完全过时了。另外，按照每平方米销售额的标准来计算商店盈利的方法也不再适用了，因为即使是线上销售也很难赚取利润。由于任何渠道或与消费者接触的接触点都不一定能创造营业额，因此需要找到一个能获取利润的新方法。这些方法是存在的，正如成功商店所证明的那样。

商店是独立的且盈利的销售点的想法已经完全过时了。

超个性化和共同创造是位于安特卫普的创意店 Stanley/Stella 的最重要的财富。

Stanley/Stella 虽是批发商，但是不仅零售商可以在它那里下单，而且那些希望获得3D打印服务的时尚男女也可以下单。另外，参观者在店里还可以触摸样品，感受原材料和比较颜色。如果他们想要购买产品，可以通过数字终端进行，只需点击几下就可以开始打印，并且当场就能打印好。由于没有提前打印好的产品，所以公司几乎没有库存。另外，这样的做法还可以保障公司提供的服装都是独特的。

商店还包括一个 Horeca 区域和一个合作工作区。大家可以在合作工作区共同创作，举办会议，展开交流和分享，甚至是放松自己。另外，商店还会定期开办学习班、邀请 DJ，并举办一些表演。这是一个可以激发所有感官的地方，特别是第六感——创造力。每个月，商店都会推出艺术家和设计师合作设计的新作品。与此同时，B2B 活动仍在继续。Stanley/Stella 是一个开放的平台，采用自下而上的方法运作，因为在那里设计衣服的人是购物者本人而不是其他人。Stanley/Stella 的运营方式和丹麦啤酒酿造商 Mikkeler 的运营方式极其相似。Mikkeler 没有自己的啤酒酿造厂，它的啤酒是啤酒大师研发的，然后在欧洲各地的小型酿酒厂酿造。

平台成功的原则也可用于实体店上。例如，让与你建立合作伙伴关系的品牌在你的商店中设立自己的商业空间。这正是安特卫普、梅赫伦和马斯特里赫特的三家 SCOOP 店所做的。该公司将自己定义为新品牌或未知品牌的销售平台，因为设计师需要支付月租金和一定的销售佣金来租用商店。SCOOP 已和75家品牌合作，这些品牌不仅出现在 SCOOP 公司的实体店中，还出现在它的网店中，并被放在社交网络上加以推广。

由于网店拥有无限的货架空间，无须存货，因此店面也得以释放。如将这一释放出来的空间租赁给供应商、其他品牌和其他行业的零售商，那么小型企业和初创企业就将会获得新的机遇。与此同时，这样的做法还会给自己的顾客带来惊喜。可见消除边界的概念也适用于非食品部门。事实上，“最重要的不是渠道，而是需要接触消费者”这句话重复多少遍都不为过。

在比利时，生鲜折扣店利德有实体店和网店两种店面形式。在生鲜市场上，德国巨人推行最优化、可持续性和差异化等概念。在明日世界电子音乐节上，利德开设了一间快闪店为顾客带来了惊喜。与此同时，快闪店已经成为利德的明确价值。利德快闪店的例子很多，如沙滩上的海滩俱乐部、布鲁塞尔丹斯尔里特大街中的时尚商店和滑雪用品快闪店等。另外，该集团最具可持续性发展特点的商店是它的两个网上商店，Solid outlet 连锁店以及提供限量产品和用作提货点的 Express。可见，利德也在走全渠道化的道路。2017 年纽约时装周期间，利德还推出了顶级模特海蒂·克鲁姆（Heidi Klum）代言的时尚系列。零售超市也会成为平台吗？

对于在线零售商来说，内联（inline）混合模式是能够让自己向前发展的完美方式，特别是在电子商务市场被一些坚不可摧的巨头垄断的情况下。尽管亚马逊和阿里巴巴展开了一场争夺消费者的争斗，但是这些消费者对于当地的全渠道商家而言完全唾手可得。出于这个原因，网上商店 Bol. com 和同盟阿尔伯特海津子公司共同开发了一个自提网络点。LensOnline 则更夸张，它一方面坚持继续与独立眼镜商合作，让这些眼镜店充当自提点；一方面还在繁华的购物街开设自己的店面。纽约、米兰和哥本哈根都有它的商店，这些店为顾客提供真正的体验。

让购物体验成为竞争优势

每个公司都必须自问的是，是否能够通过提供优质的体验来与顾客建立个人联系。另外，品牌是否倡导了一种新的生活方式和新的理念？要回答这个问题，仅依靠大众的接受度这一指标是不够的，还需要对目标群体的相关数据进行深入的分析。当然，最好的方法还是直接询问消费者。例如消费者认为哪个品牌带来了更好的体验？消费者认为该从哪些方面加以改进？寻找改善的方法，并在改善的基础上去创建一系列服务和体验。另外，在每一次品牌与消费者接触中（全渠道），还要让消费者能够享受这些服务和体验。

为了确保消费者真正享受体验，品牌必须掌控价值链的每个环节，如生产、分销、营销。当品牌与消费者直接接触时，这种控制更为重要。然而，这并不意味着每个品牌都必须选择垂直整合，因为还有合作的其他形式，例如团购、店中店、特许经营、共享商业空间等。

选择你的战斗并做出深思熟虑的选择！马桶刷生产商可能对为最终消费者创造独特的体验没有兴趣，不过一点创意便会带来意想不到的效果。例如奥利奥的微型饼干和M&M的水滴型彩色巧克力的例子，证明只要发挥想象力就会获得成功。消费者还未熟知的品牌可以从新技术中受益，因为在线平台和机器对机器的销售提供了新的环境。另外，对于快消品经销商来说，尽可能地接近消费者，并尽可能快速和有效地接触消费者是非常重要的。

在全球市场中，小型企业获得了接触利基市场的独特机会。如果想在利基市场中获利，就必须找到市场空隙并能够体现差异化。从这方面看，聪明地利用所有渠道至关重要。无论运用什么渠道，如社交网络、平台、快闪店，总之必须尽一切努力赢得顾客的信任，成为他们的眼睛。另外，当地企业也发挥着关键作用，因为在全球一体化的趋势中，当地企业更了解本土状况，并能够迎合当地人的需求。因此“全球化思维、本土化行动”的信条比以往任何时候都适用。

我们目前正处于过渡阶段，在此阶段，零售业已被完全重新定义。虽然我们不再是新千年伊始时的脑热青少年，虽然我们已经成熟，能够冷静对待天翻地覆的变革，但是在实践中，我们仍然会犯年轻人常犯的错误——冲动。只有从失败中接受教训，此毛病才能被矫正过来。正所谓打铁成铁匠，技术是在不断提高的。正因如此，也决不能说某个体系是最终阶段。我们不是一生都在学习吗？

我们目前正处于过渡阶段，在此阶段，零售业已被完全重新定义。

虽然世界在变化，但同时也存在大量的应对方法。面对主要的大趋势，我们可以自问：对于未来而言，最好的模式是什么？这个问题的答案要从每个零售商和每个品牌那里寻找。零售业的未来正在我们眼前形成，因此，我们应该团结一致、共同合作。

每个人都是零售商，包括你我

约尔格至少每周都有一天会去 Staopstoelshop 快闪店。这是一家专卖老人椅子的商店。由于卖出的椅子只会被使用一段时间，所以它们会被回收，拆装，再次组装。新组装的椅子和全新的椅子几乎没有区别，只是它们更便宜。这些椅子是一个很好的可回收再利用的例子。另外，由于它们是量身定做的，所以老年人不会有什么不适感。

安特卫普的 Staopstoelshop 快闪店和 Kabinet Unique 的合作很好地回应了当地人的特殊需求。由于老年人座椅只吸引有限的使用者，所以合作至关重要。对于 Kabinet Unique 而言，虽然店中的货物周转率高是其特点，但是它也深知合作的重要性。Kabinet Unique 由七个年轻创作者联合创办。他们决定一起租用一个地点进行创业，并且每人每天轮流管理。他们的产品确实不错，因为当创作者讲述他们品牌故事时，顾客的嘴角会露出微笑。另外，Kabinet Unique 的优势还在于无须支付员工费用。

商店中展示的每件产品都是可售的。事实上，每个人只要每个月支付租金或一定的销售佣金，便可自由地在快闪店中展示自己的产品。快闪店为顾客带来了体验的同时也获得了利润。就 Staopstoelshop 快闪店和 Kabinet Unique 的合作而言，由于提供了全新的体验，因此现在大家趋之若鹜的为父母或祖父母购买老年人专用椅。

快闪店的策略可以提升品牌知名度，而这又可以提升品牌的价值和定位。最终，顾客将自信满满地在网上订购。你看到没？对于写这本书，这是最值得研究的领域。

后　记

为什么写这本书？为什么创建“购物的未来”这个组织，并通过这个组织汇集专家和零售商去探讨未来？又为什么是零售之家——这个位于安特卫普的消费者和零售专业人士的体验中心？

大家经常问我这些问题，我用最简单的一句回答大家，那就是因为这是我们的激情！事实上，没有哪个词能够形容我们的动机，或者也许只能说这是我们的目的和使命。我们希望让大家能更好地了解零售和快消品行业，以此来减少倒闭商店的数量和失业人员的数量，并且增加就业机会。

这种热情，我与尼尔曼分享。我和尼尔曼的相识纯属偶然。有一天，我和儿子卓恩特看电视，儿子对我说他对身残志坚的三项全能项目前运动员马克·埃勒曼训练跑步运动员这事感到很吃惊。我坐在书桌前不经心地回答他说：“世上许多残疾人的身上都有闪光点，只是他们没有机会施展而已。”就这样一场对话之后，尼尔曼这位身材高大，但需要依靠轮椅生活的女士走进了我的生活。

那天晚上我夜不能寐，所以决定做一些调查。一个星期后，一家机构告诉我它为我提供了一些有趣的简历。对于我来说，由于我仅有一间初创公司，所以我想雇佣一个每周可以为我工作几小时的博主。但最终我选择了一位即将完成弗拉瑞克商学院学业的女士。每个人都认为我疯了，甚至包括我自己。当尼尔曼来到我的办公室时，我问她为什么我要聘用她，她说：“原因很简单，我可以用三种语言工作，而且我的书面表达比你好。”对此我很吃惊，回答道：“你的话可是相当生硬呀，你首先要向我证明这一点才行。”随后，尼尔曼确实做到了。

在零售细节公司，尼尔曼被认为是我的秘密武器。对于这样的秘密武器，我只能建议每个人去寻找属于自己的秘密武器而不要打我的主意。因为即便给我世界上所有的黄金我都不会换尼尔曼。

这本书的问世离不开大家对知识的分享。为了撰写它，我们尽力召集了我们国家最优秀的记者和零售专家。每天，我们要做的就是围绕零售这个话题进行谈论。在整个交流过程中，这些记者和专家将我们的梦想同步地转化成了现实。我们热爱零售业，今天我们想和大家分享我们的激情。

让我们用共同努力去深入了解零售业。感谢你在购物的未来与我们一起同行。我们希望你喜欢这本书，并能从中获得启发。我们希望你可以发现无数的新事物，享受看书的悠闲时光并获得创造性的想法。

祝阅读愉快！

斯诺克（当然还有尼尔曼）

THE FUTURE OF SHOPPING

WHERE EVERYONE IS IN RETAIL

机械工业出版社
微信公众号

机工经管订阅号
尽享经管营养餐

ISBN 978-7-111-61250-6

定价：69.00元